W0075981

ANDREAS KOLLER

JOURNALISMUS. MACHT. WIRKLICHKEIT

Gedruckt nach der Richtlinie des
Österreichischen Umweltzeichens
„Druckerzeugnisse",
Christian Theiss GmbH, Nr. 869

FSC
www.fsc.org

MIX
Papier aus verantwor-
tungsvollen Quellen
FSC® C012536

Copyright © 2017 Picus Verlag Ges.m.b.H., Wien
Alle Rechte vorbehalten

Grafische Gestaltung: Dorothea Löcker, Wien
Umschlagabbildung © Paul Feuersänger
Druck und Verarbeitung:
Christian Theiss GmbH, St. Stefan im Lavanttal
ISBN 978-3-7117-2050-4

Informationen über das aktuelle Programm
des Picus Verlags und Veranstaltungen unter
www.picus.at

ANDREAS KOLLER

JOURNALISMUS MACHT WIRKLICHKEIT

Wozu Journalismus dient.
Woran er krankt.
Und was das mit der Politik zu tun hat.

Theodor-Herzl-Vorlesung
Herausgegeben von Folker Hanusch

PICUS VERLAG WIEN

Die Theodor-Herzl-Vorlesung wird unterstützt von:
Stadt Wien,
Kuratorium für Journalistenausbildung. Österreichische
Medienakademie,
Universität Wien

INHALT

Folker Hanusch
ZUR RELEVANZ VON JOURNALISMUS
IM DIGITALEN ZEITALTER
Vorwort

Die Krise des Journalismus ist derzeit in aller Munde. Journalistinnen und Journalisten haben – so lautet oft die Kritik – angeblich das Gespür für die Bedürfnisse der Bevölkerung verloren, sind zu sehr Teil einer abgehobenen Elite und deren Interessen und haben ihren Sinn für faire Berichterstattung verloren. In Zeiten von Social Media und Fake News müssen sich sogar renommierte Nachrichtenorganisationen wie der Fernsehsender *CNN* dem Vorwurf ausgesetzt sehen, dass sie selbst Falschnachrichten produzieren, zumindest wenn man dem amerikanischen Präsidenten Donald Trump glauben sollte. Tatsächlich befindet sich der Journalismus bereits seit einiger Zeit in einem Status von sehr rapidem Wandel. Das ist nicht unbedingt neu, denn Journalismus lebt seit Jahrhunderten vom, mit und durch gesellschaftlichen, politischen, ökonomischen und vor allem technologischen Wandel. Auch die Kritik am Journalismus gibt es schon seit Urzeiten. Bereits Cicero beschwerte sich über den zunehmenden Klatsch und Tratsch in den sogenannten Acta diurna, einer Vorform der Zeitung, deren Aufgabe es eigentlich hauptsächlich war, die Bürger über neue Gesetze und Erlässe zu informieren.

Und doch ist der oftmals totgesagte Journalismus immer wieder aufgestanden und adaptierte sich stets an neue Verhältnisse. Großspurige Ankündigungen eines bevorstehenden Untergangs des Journalismus, wie sie seit Jahren des Öfteren getätigt werden, sind daher mit äußerster Vorsicht zu genießen. In der Tat scheint derzeit wieder eine Art Optimismus unter Medienmachern zu herrschen, die in Zeiten von Fake News dem Journalismus eine goldene Zukunft voraussagen. So zum Beispiel jüngst der Vorstandschef des deutschen Springer-Verlags, Mathias Döpfner, der ankündigte, dass der Journalismus seine beste Zeit noch vor sich habe. Aus reiner Selbstmarketing-Sicht ist dies natürlich verständlich, und es ist auch nicht unwahrscheinlich, dass Journalismus ein immens wichtiger Bestandteil unserer Gesellschaft bleiben wird. Doch muss man anerkennen, dass es gegenwärtig fundamentale Transformationen – insbesondere technologischer und ökonomischer, aber auch immer mehr politischer und kultureller Natur – gibt, die lange bestehende »Wahrheiten«, also unser traditionelles Verständnis von Journalismus, zunehmend infrage stellen.

Im Kern stehen hier natürlich allgemeine technologische Veränderungen, die sich auf die Rolle des Journalismus auswirken. Seit langer Zeit bestehende Geschäftsmodelle für Nachrichten werden dadurch infrage gestellt. Zeitungen in der westlichen Welt verlieren zunehmend Leser, auch wenn es hier merkliche Unterschiede im Ausmaß gibt. Während Zeitungen in den angelsächsischen Ländern zum Beispiel herbe Verluste verkraften müssen, schreitet dieser Prozess in einem Land wie Österreich verhältnismäßig langsam voran.

Nichtsdestotrotz gibt es beim Publikum verstärkt eine Erwartungshaltung, dass Journalismus kostenlos sein soll, doch wer zahlt dann für guten Journalismus? Das Mediennutzungsverhalten verändert sich weiter, und immer mehr Leser beziehen ihre Nachrichten durch soziale Netzwerke wie zum Beispiel *Facebook*, eine Plattform, die in den vergangenen Jahren zu einem der größten, wenn nicht gar dem größten Medienunternehmen weltweit geworden ist. Traditionelle Nachrichtenunternehmen, die über diese Netzwerke ihr Publikum erreichen wollen, müssen sich daher zunehmend Algorithmen ausliefern, die sie oft selbst nicht nachvollziehen können und die anscheinend einen sogenannten Filterblaseneffekt nach sich ziehen. Diese Entwicklung wurde nicht nur im Zuge der US-amerikanischen Präsidentschaftswahlen 2016 in der Kommunikationswissenschaft mit Sorge betrachtet.

Technologische Errungenschaften haben weiters dazu geführt, dass jeder in der Gesellschaft zum Journalisten werden beziehungsweise journalistische Inhalte kritisch beäugen kann. Während diese Entwicklung zu Beginn noch als Demokratisierung von Kommunikation bezeichnet wurde, so gibt es mittlerweile negative Prozesse wie Hetze im Netz, und auch Effekte wie »Lügenpresse« – also das Misstrauen in etablierte Medien – werden verstärkt. Der partizipative Journalismus stellt zunehmend die Autorität von Journalisten und Medienunternehmen infrage und hat zu einer sogenannten Entgrenzung im Journalismus geführt. Journalisten sehen sich nun mehr und mehr mit der Frage konfrontiert, wer sich eigentlich noch als Journalist bezeichnen darf und was das überhaupt für die Gesellschaft bedeutet.

In einer Zeit wie dieser ist es daher immens wichtig zu beobachten, zu diskutieren und zu versuchen zu verstehen, welchen Mehrwert etablierter, institutionalisierter Journalismus in einer Gesellschaft heute noch hat beziehungsweise haben kann. Zu reflektieren darüber, was Journalismus bedeutet und wie die Zukunft des Journalismus aussehen kann oder gar aussehen muss. Genau diesen Themen widmet sich die Theodor-Herzl-Dozentur für Poetik des Journalismus am Institut für Publizistik- und Kommunikationswissenschaft der Universität Wien. Sie beruht auf der jahrzehntealten Tradition akademischer Gastveranstaltungen, die auf den Ursprung des Wortes »Poetik« – das »Studium des zu machenden Werkes« – zurückgeht. An der Universität Wien wurde die Dozentur im Jahr 2000 etabliert, um der spezifischen, traditionsreichen Kulturleistung des Journalismus Rechnung zu tragen. Versucht wird hier, durch Einladung verdienter Journalistinnen und Journalisten die Arbeit mit Nachrichten zu reflektieren, zu hinterfragen und zu einer praxisnahen Theorie des Journalismus beizutragen.

Im Jahr 2016 wurde die Dozentur an einen der verdientesten und anerkanntesten innenpolitischen Journalisten Österreichs vergeben, Andreas Koller, Stellvertretender Chefredakteur, Leiter der Wiener Redaktion sowie Ressortleiter Innenpolitik der *Salzburger Nachrichten*, der die Geschicke dieses Landes seit fast 35 Jahren als kritischer Beobachter und Kommentator begleitet. Selbst ein Absolvent des Wiener Instituts für Publizistik, begann Koller seine Karriere 1983 als innenpolitischer Redakteur bei der Tageszeitung *Die Presse*, bevor er 1988 zu den *Salzburger Nachrichten* wechselte. Außerdem hat sich Koller um den Journalismus in Bereichen verdient gemacht, die über die Arbeit in der eigenen Zeitung hinausreichen. So ist er Präsident des gemeinnützigen Journalistenvereins Presseclub Concordia, dem ältesten Presseclub der Welt. Weiters ist er Senatssprecher des Österreichischen Presserats und Vorstandsmitglied des Kuratoriums für Journalistenausbildung. Darüber hinaus war er langjähriger Vorsitzender der Initiative Qualität im Journalismus und der Vereinigung der Parlamentsredakteure. Zudem ist er einer der meistausgezeichneten Journalisten des Landes. Sage und schreibe achtmal wurde er vom Branchenblatt *Der Österreichische Journalist* als Innenpolitikjournalist des Jahres geehrt – und zwar in den Jahren 2005, 2007, 2008, 2010, 2012–2014 und 2016. Den Gesamtpreis als Journalist des Jahres erhielt er zudem im Jahr 2010. Bei der Verleihung des René-Marcic-Preises des Landes Salzburg für überragende publizistische Leistungen im Jahr 2012 würdigte die Jury den »unabhängigen, korrekten Stil« Kollers, und beim Kurt-Vorhofer-Preis für Politikjournalismus 2000 wurde sein »außerordentlich hohes journalistisches Qualitätsbewusstsein«, das zeige, dass Koller seit Jahrzehnten für die Wahrung der Grundrechte in Österreich eintrete, von der Jury ausgezeichnet.

Koller war im November 2016 zu Gast am Institut für Publizistik- und Kommunikationswissenschaft der Universität Wien, um im Rahmen von drei Vorlesungen seine Gedanken zum Journalismus in Zeiten des Wandels darzulegen. Unter dem Titel »JournalismusMachtWirklichkeit« fasste er die wichtigsten Entwicklungen im Journalismus zusammen, wobei er die Bedeutung eines adäquat finanzierten, investigativen und vor allem ethischen und freien Journalismus für die Demokratie klarmachte.

Dieses Buch soll Kollers Vorlesungen als einen wichtigen Beitrag zu aktuellen Journalismusdebatten einer breiten Öffentlichkeit zugänglich machen, um Denkanstöße zu geben. Weiters sollen auch journalistische Arbeitsweisen und Denkprozesse vermittelt werden, um Journalismus ein wenig zu entmystifizieren und zu einem besseren Verständnis davon beizutragen, was Journalisten in ihrer Arbeit eigentlich tun, und vor allem warum sie das tun. Dies geschieht im zweiten Teil des Buches, in dem einerseits Werkstattberichte von Andreas Kollers Arbeit vorliegen, andererseits ein Interview, das Petra Herczeg und ich gemeinsam mit ihm zu seinem Werdegang und den Einflüssen auf seine Arbeit geführt haben.

Für diese Einblicke und die äußerst kollegiale und freundschaftliche Zusammenarbeit bei der Herzl-Dozentur 2016, danken wir Andreas Koller sehr und hoffen, dass das vorliegende Buch zu neuen und interessanten Einblicken und Denkanstößen bei Leserinnen und Lesern beitragen kann.

Wien, im Januar 2017

Andreas Koller

DREI VORLESUNGEN ZUR
POETIK DES JOURNALISMUS

(November 2016)

0. JOURNALISMUS
Worum geht es hier eigentlich?

Der Journalismus hat schon bessere Zeiten gesehen. Er ist dreifach unter Druck geraten. Erstens machen neue internetbasierte Nachrichtenproduzenten ihm seine Rolle als Welterklärer streitig. Der klassische Journalismus kann seinen Lesern, Sehern und Hörern nur noch wenig Neues erzählen, schließlich hat jeder Leser, Seher und Hörer die neuesten News bereits in Echtzeit auf seinem Smartphone konsumiert.

Zweitens rütteln die sozialen Medien an der Kompetenz des klassischen Journalismus als Interpret des Zeitgeschehens. Man ist mit dem Vorwurf der »Lügenpresse« konfrontiert, auch dann (oder gerade dann), wenn man den Lesern faktenreiche Storys anbietet. Denn die intelligenz- und faktenbefreite Verschwörungstheorie, die gleich nebenan im Netz zu lesen ist, liest sich lustiger und klingt für manche Medienkonsumenten plausibler.

Und drittens unterminiert die Wirtschafts- und Werbekrise das traditionelle journalistische Geschäftsmodell, das im Wesentlichen aus den Erträgen besteht, die auf dem Leser- und dem Werbemarkt zu lukrieren sind.

Es ist also etwas viel auf einmal, mit dem der Journalismus fertigwerden muss. Auf den folgenden Seiten geht es um die hoffnungsfrohe These, dass der Journalismus mit der dreifachen Herausforderung fertigwerden wird – und auch fertigwerden muss, im Interesse unserer Demokratie.

Denn der Journalismus ist der Treibsatz dieser Demokratie. Nicht von ungefähr beseitigen jene, die die Demokratie beseitigen wollen, als Erstes den freien Journalismus, wie zum Zeitpunkt der Niederschrift dieser Zeilen in der Türkei anschaulich zu beobachten ist.

Ich blicke auf mehr als drei Jahrzehnte Erfahrung im politischen Journalismus zurück und habe die ehrenvolle Einladung, die renommierte Theodor-Herzl-Dozentur des Publizistikinstituts der Universität Wien zu bestreiten, sehr gerne übernommen. Die folgenden Ausführungen dienten als Grundlage der drei Vorlesungen, die ich im November 2016 gehalten habe. Die Kapitel sind angereichert um eine gekürzte Wiedergabe der Diskussion, die sich im Hörsaal nach den Vorlesungen ergeben hat.

Im Anschluss finden Sie eine Auswahl aus bereits anderweitig erschienen Beiträgen aus meiner Produktion, die sich mit dem Spannungsfeld zwischen Politik und Medien beschäftigen.

1. JOURNALISMUS UND ZEITGEIST
Von der Postkutsche zum Railjet

Wer die Zukunft gewinnen will, für den lohnt es sich, zunächst in die Vergangenheit zu blicken. Zum Beispiel in den Sommer 1983, als ich meine ersten journalistischen Schritte in der innenpolitischen Redaktion der Tageszeitung *Die Presse* getan habe. Geschrieben wurde damals auf alten, klapprigen Schreibmaschinen. Mechanischen Schreibmaschinen, denn am Horizont zeichnete sich in den Achtzigern bereits die elektronische Datenverarbeitung ab – ein Begriff, der heute rettungslos »retro« ist –, und die knausrige Geschäftsleitung weigerte sich aus guten Gründen, für die paar verbleibenden analogen Jahre noch gutes Geld in elektrische Schreibmaschinen zu investieren. Als Speichermedium für das Geschriebene diente ein praktisches, flaches weißes Material, das wir »Papier« nannten und das weder abstürzen konnte noch von der Stromversorgung abhängig war. Das beschriebene Papier wurde mittels Rohrpost in die Setzerei befördert, wo der technische Produktionsprozess seine Fortsetzung fand.

Von höherem Interesse als diese technischen Details ist für uns heute natürlich die Frage, wie damals der inhaltliche und geistige Produktionsprozess stattfand. Denn dieser Produktionsprozess hat sich in einem Ausmaß geändert, das einer Revolution gleichkommt.

Es gab kein Internet, keine E-Mails und kein Handy. Agenturmeldungen wurden im sogenannten Fernschreiberkammerl auf langen Papierstreifen ausgedruckt, in handliche Stücke gerissen und von Boten auf die einzelnen Ressorts verteilt. Ein langwieriger Prozess, ein lückenhafter Informationsfluss. Jeder Smartphonebesitzer des Jahres 2016 ist besser und schneller über Weltereignisse informiert als ein Chefredakteur der achtziger Jahre. Wer damals wissen wollte, wie hoch das Budgetdefizit des Vorjahres war oder was der Rechnungshof zur föderalen Schulverwaltung sagte, musste sich diese Fakten mühsam zusammentragen oder in seinem Informantennetz herbeitelefonieren. Heute reichen einige Klicks im Netz. Das ist einerseits ein riesiger Vorteil. Recherche ist einfacher geworden. Andererseits führten die neuen Recherchemethoden zum Bedeutungsverlust der Journalisten. Denn die gleiche Klick-Recherche im Netz kann jeder Smartphonebesitzer und jede iPad-Inhaberin in der gleichen Zeit genauso gut erledigen. Als eines der wichtigsten Informationsinstrumente galten damals Pressekonferenzen. Heute haben Sie das wichtigste Informationsinstrument in der Hosentasche. Kurzum: Der Journalismus musste sich in den vergangenen drei bis vier Jahrzehnten mehrmals neu erfinden. Der Journalismus von 1980 verhält sich zum Journalismus von 2016 wie die Postkutsche zum Railjet.

Und wir können davon ausgehen, dass die nächsten dreißig bis vierzig Jahre einen ähnlichen Transformationsprozess mit sich bringen werden. In der Industrie wird von den Herausforderungen durch die Industrie 4.0 gesprochen. Der Journalismus 4.0 wird uns vor ähnliche Herausforderungen stellen. Die Digitalisierung hat den Journalismus grundlegend verändert, und sie wird das weiter tun.

»Stille Post« im Echoraum

Übrigens, noch etwas hat sich in den vergangenen Jahren radikal verändert. Die Journalisten der früheren Zeit hatten ein riesiges Asset: Sie konnten ihrem Publikum ohne viel Anstrengung Neues erzählen. Zeitungen, Radio und Fernsehen waren Primärinformationsquellen. Heute kommt dieser Status allenfalls noch den Online-Journalisten zu. Doch selbst diese haben oftmals das Nachsehen, wenn sie die Ersten sein wollen, die Ihnen eine Geschichte erzählen. *Twitter* ist mitunter schneller. Manch ein Experte trat bereits mit der Meinung an die Öffentlichkeit, dass *Twitter* und ähnliche Einrichtungen die herkömmlichen Nachrichtenagenturen ersetzen können, beispielsweise die *Austria Presse Agentur*.

Das ist natürlich unrichtig. *Twitter* und die restlichen sozialen Medien sind im Wesentlichen in die elektronische Welt transferierte Gerüchteküchen. Oder, um es höflicher zu formulieren: Virtuelle Marktplätze, auf denen Informationen ausgetauscht werden. Neben den Informationen aber auch Gerüchte, Spekulationen, Verschwörungstheorien und blanker Unsinn. Alles steht gleichberechtigt nebeneinander. Die Aufgabe der Journalistin, des Journalisten ist es nun, die Gerüchte, Spekulationen und Verschwörungstheorien als solche zu entlarven, den Unsinn auszufiltern und die Informationen gegenzuchecken. Das ist eine hochprofessionelle Aufgabe, die unter anderem von Agenturjournalisten erledigt wird, daher wird die *Austria Presse Agentur* keineswegs unnötig, ganz im Gegenteil. Sie wird wichtiger denn je. Das gilt auch für alle anderen Journalisten, mögen sie nun für Zeitungen arbeiten, für klassische elektronische Medien oder für News-Seiten im Internet. *Twitter* und die übrigen sozialen Medien haben nicht, wie vielfach behauptet, den klassischen Journalismus obsolet gemacht. Im Gegenteil. Der klassische Journalismus wird mehr denn je gebraucht. Je höher die Informations- und Desinformationsflut schwappt, desto wichtiger sind die journalistischen Wellenbrecher.

Denn, wie es der Philosoph Konrad Paul Liessmann im Herbst 2015 in einer Rede vor österreichischen Verlegern und Journalisten formulierte: Große Teile der Gesellschaft bewegen sich nur noch in »Echoräumen« und »Filterblasen«, also in einem Informationsumfeld, in dem die eigene Meinung verstärkt wird und andere Meinungen nicht mehr vorkommen. Im Gegensatz zu klassischen Medien, in denen die Rezipientin und der Rezipient auch auf Meinungen stoßen, die nicht die ihren sind. Und die daher möglicherweise das Weltbild der Leserin und des Lesers erweitern. Oder auch erschüttern. Die Zeitung, die klassische Nachrichtensendung in Radio und Fernsehen kennt keinen Algorithmus, der die Nutzerin und den Nutzer vor bestimmten Inhalten bewahrt und ihnen andere Inhalte massiv aufdrängt. Die sozialen Medien tun dies hingegen mit großer Akribie und schaffen dadurch unzählige Teilöffentlichkeiten, die sich mit der Öffentlichkeit an sich verwechseln. Oder, um nochmals Liessmann zu zitieren: »Fragmentierte Öffentlichkeit hält sich für die Öffentlichkeit schlechthin.«

Dieser Gedanke findet sich auch in Kommentaren führender Medien. Klaus Brinkbäumer stellte im *Spiegel* (Ausgabe

5/16) das Folgende fest: »*Facebook* und *Twitter* bergen die Gefahr, dass ihre Nutzer nur lesen, was sie sich wünschen, dass sie sich also minütlich selbst bestätigen und am Ende den eigenen Hass für rational und bestens begründet halten.«

Und der Tübinger Medienwissenschaftler Bernhard Pörksen schrieb am 11. August 2016 in der Hamburger *Zeit*: »Man will nicht wahrnehmen, was nicht zur eigenen Weltsicht passt.«

Soziale Medien haben einen weiteren essenziellen Nachteil: Sie funktionieren wie das Kinderspiel »Stille Post«, bei dem Informationen von Mund zu Ohr weitergeflüstert werden und sich nach spätestens drei oder vier Stationen in ihr Gegenteil umkehren. Gegen die Wirklichkeitsverzerrung, die sich innerhalb weniger Minuten im Netz vollziehen kann, ist die Schlagzeile einer durchschnittlichen Boulevardzeitung ein Ausbund an Korrektheit und Seriosität. Die sozialen Medien gleichen einem mittelalterlichen Dorfplatz, dem Ort, wo manch Flüstergerücht seinen Ausgang genommen und sich zum Pogrom ausgewachsen hat. Oder, wie es im jüdischen Witz heißt: Einer blickt aus dem Fenster und ruft einem Bekannten scherzhalber zu: »Lauf schnell zum Markt! Dort tanzt ein Lachs!« Der Bekannte läuft tatsächlich zum Markt und ruft allen, die er unterwegs trifft, die vermeintliche Sensation zu. Schließlich wälzt sich das ganze Dorf zum Marktplatz. Da nimmt der Gerüchtestreuer seinen Mantel und sagt zu seiner Frau: »Ich gehe auch zum Markt. Wer weiß, vielleicht tanzt dort tatsächlich ein Lachs.« – Was ich damit sagen will: Die

Stille-Post-Psychose erfasst mitunter nicht nur die Rezipienten, sondern auch die Urheber einer Information. Beziehungsweise Desinformation.

Wir wissen noch nicht, was diese Form der medialen Rezeption mit uns anstellt. Und mit unserer Demokratie. Denn die Demokratie, wie wir sie kennen, braucht ein Forum. Im klassischen Athen mag dies der Marktplatz gewesen sein. Hierzulande waren es bis vor nicht allzu langer Zeit die *Zeit im Bild* und die großen Zeitungen. Wer diese Medien konsumierte, und das waren sehr viele, befand sich auf einem einigermaßen gleichen Informationsstand. Es gab eine österreichische, eine deutsche, eine schweizerische, eine schwedische Öffentlichkeit. Heute ist die Öffentlichkeit in zahllose Teilöffentlichkeiten aufgespalten, es gibt keine nationalen Grenzen dieser Teilöffentlichkeiten mehr. Die Demokratie aber tut – beispielsweise bei Wahlen – immer noch so, als gäbe es die gute alte nationale Öffentlichkeit. Das wechselhafte Wahlverhalten, das wir derzeit in der ganzen westlichen Welt erleben, mag damit zusammenhängen, dass die streng nach nationalen Grenzen agierenden Demokratien ihre Öffentlichkeit, gewissermaßen ihr Volk, verloren haben. Es ist für Politiker heute unmöglich, mit einer medialen Aussage, einer politischen Maßnahme, einem Wahlkampf flächendeckend das gesamte Wahlvolk zu erreichen. Es wäre eine wissenschaftliche Untersuchung wert zu ergründen, wie weit dieser Umstand zur herrschenden Politik- und Demokratieverdrossenheit beiträgt. Und zum Aufstieg der neuen (oder manchmal gar nicht so neuen) Rechten.

Journalismus ist wichtiger denn je

Ist in dieser Welt noch Platz für Journalismus? Hat der Journalismus Zukunft? Ich denke: Ja. Wobei ich der Meinung bin, dass die Feststellung andersherum getroffen werden muss. Der Journalismus hat nicht deshalb eine Zukunft, weil er so wichtig ist. Sondern weil die Demokratie so wichtig ist. Und weil die Demokratie den Journalismus als Treibsatz braucht. Man stelle sich eine Welt ohne klassische Medien vor. Eine Welt, in der die »Twitteria«, die *Youtube*-Fütterer und jene Wesen, die man ausschließlich auf *Facebook* antrifft, die Deutungshoheit über politische Ereignisse haben. Beispielsweise über den jüngsten Terrorangriff. Oder über diverse Weltverschwörungen. Oder über das nächste Treffen der Bilderberger. Glauben Sie mir: In einer solchen Welt würden Sie nicht leben wollen. Diese Welt wäre den Launen irgendwelcher Zufallsmehrheiten und Zufallsmeinungsführer im Netz ausgeliefert, die dahinterstehende Ratio wäre vergleichbar mit der Ratio mittelalterlicher Hexenprozesse. Einer äußert eine Spekulation, der nächste adelt die Spekulation zum Gerücht, der nächste das Gerücht zur gesicherten Information, und im Handumdrehen ist die schönste Pogromstimmung vorhanden, etwa gegen Ausländerfamilien, die angebliche Zigtausende Euro an Mindestsicherung erhalten. Oder gegen Israel, das angeblich palästinensische Brunnen vergiftet. Wir brauchen professionelle Journalistinnen und Journalisten, die Sinn von Unsinn unterscheiden können. Und das Interessante daran ist: Wir brauchen diese Journalistinnen und Journalisten heute mehr denn je zuvor.

Zur Verdeutlichung des Gesagten darf ich mich ausnahmsweise selbst zitieren, und zwar aus einem Beitrag, den ich für den Public-Value-Bericht 2015 des Verbands Österreichischer Zeitungen (VÖZ) geschrieben habe. »Qualitätsvoller Journalismus trennt den Weizen der Politik von der Spreu der politischen Propaganda. Qualitätsvoller Journalismus bietet dem demokratischen Diskurs die Plattform, auf der die Meinungen gegeneinander in Stellung gebracht werden können. Qualitätsvoller Journalismus hinterfragt die Handlungen der Regierenden und kontrolliert die Machthaber. Qualitätsvoller Journalismus ermöglicht es seinem Publikum, mit den Akteuren in Politik, Wirtschaft und Kultur auf Augenhöhe zu kommunizieren.«

Leider muss ich mir an dieser Stelle selbst ins Wort fallen. Ich kann nämlich nicht ausschließen, dass ich zu viel vom Journalismus erwarte. Beziehungsweise dass dieser sich zunehmend weigert, die Erwartungen, die ich vor allem an den Qualitätsjournalismus stelle, zu erfüllen. Ein Beispiel von der Jahreswende 2015/2016, als Johanna Mikl-Leitner noch österreichische Innenministerin war, lässt Schlimmes ahnen. Damals zogen unkontrolliert täglich Tausende Menschen in Form großer Flüchtlingsströme durch Österreich. Regierung und Polizei waren hin- und hergerissen zwischen humanitären und rechtsstaatlichen Notwendigkeiten. Die Humanität gebot, diesen Menschenströmen kein Hindernis in den Weg zu legen. Der Rechtsstaat hätte es geboten, diese Menschen zu kontrollieren, zu registrieren, das Chaos in geregelte Bahnen zu lenken. In dieser leicht anarchischen Situation stellte die Innenministerin fest, dass bei Andauern des Flüchtlingsstroms »Gewalt an den Grenzen« drohe. Sie wollte dies selbstverständlich nicht als Wunsch, sondern als Warnung vor unkontrollierbaren Entwicklungen verstanden wissen, und eigentlich konnte man es auch nur so verstehen. Doch was machte die Twitteria aus der Aussage der Innenministerin? »Mikl-Leitner droht mit Gewalt.« Also gewissermaßen damit, dass sie die Polizei auf die Flüchtlinge hetzen werde. Man verdrehte der Ministerin das Wort im Mund, und der schönste Shitstorm gegen Frau Mikl-Leitner war die Folge. Wer in dieser Situation auf die bessere Einsicht der klassischen, recherchierenden, abwägenden Medien hoffte, der hoffte vergebens. Denn was las man anderntags in zumindest einer Zeitung? »Mikl-Leitner droht mit Gewalt.« Die unreflektierte Meinungsmache der sozialen Medien hatte dem klassischen Journalismus also nicht nur die Themenführerschaft entwunden, sondern auch noch gleich die Meinung oktroyiert. Das ist ein Worst-case-Szenario für eine aufgeklärte Gesellschaft. Und das Musterbeispiel dafür, wie Journalismus sich selbst überflüssig macht.

Die Welt erklären. Und enthüllen

Es liegt auf der Hand, dass ich von jener Form des Journalismus, die ich als Qualitätsjournalismus bezeichne, mehr erwarte als das Nachvollziehen von Meinungen, die man auf *Twitter* gelesen hat. Qualitätsvoller Journalismus geht nicht in die Schlagzeile, sondern in die Analyse. Er hört auch die Gegenargumente. Er nimmt auch Meinungen und Tatsachen ernst, die seiner möglicherweise vorgefassten Meinung widersprechen. Er versucht, sich nicht der Sensation, sondern der Wahrheit anzunähern. Und, ganz wichtig: Er bedenkt die Folgen seines Tuns. Er macht sich Gedanken darüber, welche Konsequenzen die Berichterstattung für die Objekte der Berichterstattung hat. Diese Kriterien mögen banal klingen. Sie sind es aber nicht. Sonst würden sie nicht täglich tausendfach durchbrochen. Ihre Einhaltung würde einen großen Teil jener Probleme lösen, die mit schlechtem Journalismus verbunden sind: Hetze gegen Minderheiten, Freakshow-artiges Vorführen sogenannter kleiner Leute, undifferenziertes Agitieren gegen Politiker, die den Journalisten oder deren Chefredakteur oder deren Verleger nicht zu Gesicht stehen.

Freilich müssen auch Journalisten, die sich einem qualitätsvollen Journalismus verpflichtet fühlen, darauf achten, dass sie sich nicht einem fatalen »politischen Mainstreaming« unterwerfen. Jeder Journalist erfährt in Echtzeit, was seine Follower auf *Twitter* von einem bestimmten politischen Ereignis halten. Er wird sich schwer tun, davon nicht seine Meinung beeinflussen zu lassen. Er wird sich noch schwerer tun, einen Kommentar zu verfassen, der möglicherweise von der Meinung des *Twitter*-Schwarms abweicht. Um es klar zu sagen: Qualitätsvollen Journalismus zu produzieren kann mitunter bedeuten, sich sehenden Auges einem Shitstorm auszusetzen.

Im Übrigen besteht Qualitätsjournalismus nicht nur darin, auf hohem Niveau die Welt zu erklären. Er besteht auch darin, auf hohem Niveau die Welt zu enthüllen. Ohne investigativen Qualitätsjournalismus gedeiht die

Korruption und bleibt ungeahndet. Etliche der Korruptionsaffären, die in den vergangen Jahren die österreichische Öffentlichkeit erschüttert haben, wären ohne Mitwirkung investigativer Medien nicht aufgedeckt worden. Wobei nicht oft genug betont werden kann: Qualitätsvoller Journalismus, ob er sich jetzt der Erklärung der Welt verschrieben hat oder der Enthüllung von Korruptionsskandalen, funktioniert nur auf professioneller Basis. Nicht nur beim Erklären der Welt, auch beim Enthüllen der Halbwelt geht es nicht ohne Journalisten, die ihr Handwerk gelernt haben. An der Quelle mag ein Whistleblower sitzen, ein verärgerter Bürger, eine mutige Beamtin, die eine Information an die Öffentlichkeit bringt. Die journalistische Bearbeitung, sprich: der Faktencheck, die Überprüfung der Relevanz, die Einschätzung, ob durch eine Veröffentlichung vielleicht wichtige Persönlichkeitsrechte verletzt werden, ist eine Tätigkeit, die solide Ausbildung und Erfahrung benötigt. Kurzum: Wer den Watergate- oder den Buwog-Skandal aufdecken will, der braucht solides Handwerkszeug, profundes Wissen und einen potenten Verleger. Und nicht bloß einen Social-Media-Account.

Ein Geschäftsmodell zerfällt

Qualitätsvoller Journalismus war also noch nie so wichtig wie jetzt. Nie zuvor in der Geschichte der denkenden Menschheit – wenn sie denn denkt – war so viel Unfugs-Spreu im Umlauf, die es mit professionellen Recherchemethoden zu entfernen gilt. Die Ironie besteht darin, dass gerade in unserer Zeit, in der der Journalismus wichtiger ist denn je, das Geschäftsmodell Journalismus zerfällt.

Über einige diesbezügliche Eckdaten berichtet der Salzburger Kommunikationswissenschaftler Roman Hummel in seinem Beitrag für die von Petra Herczeg und Klaus Lojka herausgegebene Gedenkschrift für den leider viel zu früh verstorbenen Journalismusforscher Hannes Haas – jenen Hannes Haas, der an diesem Publizistikinstitut gewirkt hat, sich Zeit seines beruflichen Lebens für qualitätsvollen Journalismus eingesetzt hat und bis zu seinem Tod 2014 die Herzl-Dozentur geleitet hat.

Wie Hummel unter Berufung auf eine internationale Untersuchung schreibt, sei in den Jahren von 2009 bis 2015 der weltweite Werbeumsatz um 13 Prozent gefallen, und zwar von 97,44 auf 84,79 Milliarden US-Dollar. Das digitale Werbegeschäft der Medienhäuser sei im gleichen Zeitraum nur von 5,72 auf 8,48 Milliarden gewachsen. Einem Printverlust von 12,65 Milliarden stehe also ein Online-Zuwachs von nur 3,76 Milliarden gegenüber. Manche glauben ja, dass das Geschäftsmodell der Zukunft auch für die Printbranche im Online-Geschäft stecke. Sollte das zutreffen, ist es jedenfalls noch ein weiter Weg dahin. Laut Hummel beziehen – weltweit betrachtet – die Zeitungen neunzig Prozent ihrer Einnahmen aus dem klassischen Printgeschäft, sprich: Verkaufserlöse und Inserate. Und noch ein bemerkenswertes Faktum findet sich in Hummels Beitrag: Die durchschnittliche Verweildauer eines Users auf der Website der *New York Times* betrug gerade einmal fünf Minuten. Nur so zum Vergleich: Die durchschnittliche Verweildauer eines Lesers in der Printausgabe der

Salzburger Nachrichten beträgt weit über zwanzig Minuten, wie wir aus einer ReaderScan-Untersuchung wissen. Die Werbegewaltigen werden schon wissen, warum sie immer noch Inserate in Zeitungen schalten.

Wie ist grundsätzlich die Lage der Zeitungen in Österreich? Einer Untersuchung der Verlagsforschung der *Salzburger Nachrichten (SN)* zufolge ist Österreich immer noch eines der stärksten Tageszeitungsländer Europas: 68 Prozent aller Österreicher greifen täglich zu einer Tageszeitung. Das sind so viele wie 1983, als vom Internet, von Smartphones und von der Digitalisierung noch keine Rede war. Dennoch nimmt die Gesamtreichweite der Zeitungen in Österreich leicht ab: Sie sank vom Höhepunkt im Jahr 2000, als 77 Prozent der Österreicher zu einer Zeitung griffen, auf 70 Prozent bis zum Jahr 2007. Danach gab es wieder einen Anstieg auf 75 Prozent, bedingt vor allem durch den Markteinstieg der Gratisblätter *heute* und *Österreich*. Seither sank die Reichweite um rund sieben Prozentpunkte.

Wie aus den Analysen der *SN*-Verlagsforschung weiters hervorgeht, und was nicht wirklich überrascht, ist der Umstand, dass die klassischen Bezahlmedien, darunter die Zeitung, ein Problem bei der Jugend haben. Zwar liegt die Reichweite der Zeitungen bei Teenagern mit 52 Prozent immer noch über dem Europaschnitt. Sie gibt aber doch kontinuierlich nach. Im Jahr 2012 betrug sie 61 Prozent, im Jahr 2014 57 Prozent und 2016 noch 54,4 Prozent.

Eine mindestens ebenso große Herausforderung, und ich zitiere immer noch die *SN*-Verlagsforschung, sind die Twens. Hier sinkt die regelmäßige Nutzung von Tageszeitungen rasant: Mit 50 Prozent liegt sie sogar unter dem Wert der Vierzehn- bis Neunzehnjährigen. Diese kommen offenbar noch im Elternhaus mit der Zeitungswelt in Berührung. Wenn sie in ihre erste eigene Wohnung, in eine WG oder ins Studentenheim ziehen, nehmen sie das Abo aber nicht mit. Es ist eine große Herausforderung für die Zeitungsbranche, aber auch für die klassischen elektronischen Medien, diese Gruppe an Bord zu halten. Oder sie zurück an Bord zu holen. Die Kernleserschicht der Tageszeitungen beginnt erst bei der Generation Fünfzig plus. Hier lesen noch 75 Prozent täglich eine Zeitung, bei den über Sechzigjährigen sind es sogar über 80 Prozent.

Es liegt auf der Hand, dass die geschilderte Entwicklung, vor allem aber der Rückgang der Inserate, den wirtschaftlichen Druck auf die Verlage und die Redaktionen erhöht. Und auch den journalistischen Druck. Je abhängiger die Verlage von einzelnen Inseratenkunden sind, desto schwerer werden sich die Redaktionen tun, kritische Berichte über ihre Kunden ins Blatt zu rücken. In bestimmten Blättern geht die Willfährigkeit gegenüber Inseratenkunden noch viel weiter. Wenn Sie aufmerksam manche Zeitungen lesen, werden Sie auf Jubelbeiträge stoßen, die auf den ersten Blick nicht von Inseraten zu unterscheiden sind. Diese verwerfliche journalistische Praxis setzt auch die seriöse Qualitätspresse unter Druck. Nicht alle Inseratenkunden haben Verständnis dafür, dass sie bei der Konkurrenz zu ihrem Inserat auch noch einen positiven Bericht erhalten und in ihrer Zeitung nicht.

Wie »neutral« muss Journalismus sein?

Der Oberste Gerichtshof hat durch ein im Herbst 2016 ergangenes Urteil diesen unseriösen Umtrieben den rechtlichen Sanctus erteilt. Im Rechtsstreit zweier burgenländischer Gratisblätter entschied der Gerichtshof, dass Gefälligkeitsartikel, für die kein Geld geflossen ist, auch nicht als Werbung gekennzeichnet werden müssen. In der beklagten Zeitung war auf dem unteren Teil einer Seite das Inserat eines Unternehmens abgedruckt. Im oberen Teil derselben Zeitungsseite prangte ein Jubelartikel über dieses Unternehmen. Kein Problem, entschied der OGH. Die Journalistenverbände schrien auf. Medienrechtler Hans Peter Lehofer versuchte, die Gemüter zu beruhigen. Der OGH könne seinen Entscheidungen »keine Vermutungen zugrunde legen«, argumentierte der Experte. Womit er recht hat: Der Nachweis, dass für den Jubelartikel Geld geflossen sei, wird in der Praxis schwer zu erbringen sein, und immerhin besteht ja – theoretisch – die Möglichkeit, dass der Journalist von besagtem Unternehmen so begeistert war, dass er den Jubelartikel aus eigenem Antrieb verfasste. Und nicht auf zarte Intervention der Inseratenabteilung. Der Presserat legt seinen Erkenntnissen freilich eine etwas praxisnähere Beurteilung zugrunde. Er hat bereits mehrmals auffällige Jubelartikel als nicht mit dem Ehrenkodex vereinbar verurteilt.

Man kann über diese Auffassung diskutieren. Viel stutziger als das Urteil als solches machte indes ein Satz, der sich in der Urteilsbegründung des OGH fand. »Der durchschnittlich aufmerksame und kritische Leser«, schreibt der

Gerichtshof, »geht heute davon aus, dass auch redaktionelle Beiträge in periodischen Medien nicht ›neutral‹ sind und keine absolute Objektivität in Anspruch nehmen können, weil sie von – zumeist auch namentlich genannten – Journalisten stammen, die ihre persönliche Meinung zum Ausdruck bringen, sei es in politischen, wissenschaftlichen oder wirtschaftlichen Belangen.« Dieser Satz zeugt von einer überwältigenden Unkenntnis journalistischer Grundvorgänge. Die Richter setzten damit den klassischen Meinungsjournalismus, der in Kommentaren seinen Ausdruck findet, mit schmierigen Jubelartikeln über inserierende Firmen gleich; und sie gehen davon aus, dass in sämtlichen Medien kein Unterschied mehr gemacht wird zwischen Berichten und Kommentaren. Dies ist eine Verhöhnung all jener, die sich für Qualitätsjournalismus einsetzen – und für die Trennung von Anzeigengeschäft und Redaktion.

Die Lage des Journalismus wird nicht erleichtert durch den Umstand, dass auch die Vertriebserlöse – also die Einnahmen, die durch den Verkauf der Zeitungen erzielt werden – unter Druck geraten sind. Wir sind konfrontiert mit einer Generation, die es nicht gewohnt ist, für Informationen und Nachrichten Geld auszugeben. Im Internet ist ja alles gratis, warum also für journalistische Beiträge Geld bezahlen? Die Antwort ist einfach: Weil journalistische Beiträge wichtig sind für die Demokratie, und weil es Geld kostet, diese Beiträge zu erarbeiten. Wie gesagt, die Antwort ist einfach, sie wird aber von einem immer größer werdenden Teil des Publikums nicht akzeptiert. Oder, um es optimistisch zu formulieren: noch nicht. Dass die

Verlage ihre journalistischen Beiträge viel zu lange ebenfalls gratis ins Netz gestellt haben und dass die Wiener U-Bahnen mit Gratiszeitungen zugemüllt werden, macht die Argumentation, dass Journalismus Geld kostet, nicht einfacher. Drastisch formuliert: Wir müssen das Publikum zurückerziehen. Zurück zu einer Bezahlkultur, ohne die Journalismus nicht möglich ist.

Journalismus zu verschenken ist keine gute Idee

Dorthin ist es freilich noch ein weiter Weg. Dies nicht zuletzt deswegen, weil in Österreich die Bereitschaft der Konsumenten, für Online-Informationsangebote zu zahlen, sehr gering ausgeprägt ist. Einer europaweiten Untersuchung zufolge wollen nur sieben bis acht Prozent der Österreicher für Online-Inhalte in die Tasche greifen, im Gegensatz zu Norwegen, wo der Anteil der Zahlungsbereiten immerhin 26 Prozent beträgt.

Übrigens sind wir Journalisten der klassischen Medien an unserem betriebswirtschaftlichen Elend nicht ganz unschuldig. Diese Meinung vertrat zumindest Corinna Milborn in einem Gastkommentar für *Die Presse* am 19. Oktober 2016. Die wirtschaftliche Misere der Verlage und die wachsende Schwierigkeit, qualitätsvollen Journalismus zu finanzieren, »könnte auch damit zu tun haben, dass wir Medienunternehmen und Journalisten zu viel Zeit und Arbeit auf *Facebook* verschenken«, schreibt Milborn. Sprich: Wir Journalisten liefern *Facebook* gratis unsere Inhalte und verhelfen dieser Datenkrake damit zu noch mehr Reichweite und noch mehr Einfluss – und daraus folgend zu noch mehr Werbegeld. Erschwerend komme hinzu, schreibt Milborn, dass *Facebook* keine Werbeabgabe und keine Umsatzsteuer zahle. Kurzum: Wir drücken jenen, die am liebsten unsere Totengräber wären, auch noch die Schaufel in die Hand.

Ich muss gestehen, dass auch ich meine Kommentare manchmal auf *Facebook* und sehr oft auf *Twitter* verbreite. Ich erhoffe mir dadurch mehr Aufmerksamkeit, mehr Leser, mehr Teilhabe am öffentlichen Diskurs. Diese Dinge erhalte ich auch zweifellos, und das nützt auch meiner Zeitung. Gleichzeitig schadet es meiner Zeitung, wenn der teuer finanzierte Content gratis in den sozialen Medien zu lesen ist. Und es schadet meiner Zeitung, wenn *Twitter*, weil dort nicht nur ich, sondern etliche andere Journalisten emsig unterwegs sind, mehr User und dadurch mehr Werbegeld aus dem Markt zieht. Um noch einmal Corinna Milborn zu zitieren: »Der Grat zwischen der notwendigen Präsenz in den sozialen Medien und der Kannibalisierung des eigenen Journalismus ist schmal.«

Wege aus der Krise

Da das Niveau der Inserateneinnahmen wohl nie wieder das Vorkrisenniveau erreichen wird, und da die Vertriebserlöse keine großen Sprünge erwarten lassen, müssen Verlegerinnen und Verleger unserer Zeit neue Geschäftsmodelle entwickeln, die dem Journalismus die nötige wirtschaftliche

Basis schaffen. Journalistinnen und Journalisten unserer Zeit müssen neue Erzählmethoden suchen, mittels derer den auf Echtzeitinformation getrimmten Rezipienten noch Neues vermittelt werden kann. Beide Seiten, Journalisten und Verleger, sind auf einem gutem Weg. Eine Zeitung aus 2016 ist mit einer Zeitung aus 2006 nicht vergleichbar, und das ist gut so. Doch der Stein der Weisen ist nicht gefunden und wird möglicherweise nie gefunden.

Aber wie könnte der Stein der Weisen beschaffen sein? Wie sieht der neue Journalismus aus, der auch noch 2016, 2036 und darüber hinaus seine Berechtigung hat? Zum Teil ist es ein neuer Journalismus in altem, fast könnte man sagen: ehrwürdigem Gewand. Er nennt sich neuerdings »Constructive Journalism« und wird mancherorts als Neuerfindung des Rades herumgereicht. Im Grunde handelt es sich bei Constructive Journalism um jenes Phänomen, auf das die Leserforschung die Journalistenbranche seit Jahrzehnten aufmerksam zu machen versucht: Die Leser, sagen die Leserforscher, wollen nicht jeden Tag lesen, dass die Welt untergeht. Sie wollen auch lesen, wie das verhindert werden kann. Sie wollen nicht nur Probleme, sondern auch Lösungen präsentiert bekommen. Die Leser sind oftmals zufriedener mit ihrer Umwelt und mit der Politik als die professionellen Journalisten ahnen. Mir selbst wurde das bewusst, als ich anlässlich des Chaos um nicht klebende Briefwahlkuverts und geplatzte Wahltermine rund um die Bundespräsidentschaftswahl 2016 einige sehr bissige Kommentare schrieb, die sinngemäß in der Feststellung gipfelten, dass Österreich von einer Bananenrepublik nicht mehr wirklich zu unterscheiden sei. Etliche Leser reagierten auf diese Kommentare – aber nicht etwa, weil sie die Dinge ähnlich betrachteten, sondern im Gegenteil. Der Tenor der Reaktionen lautete: Okay, der nicht klebende Kleber auf den Wahlkuverts und die Tatsache, dass der Wahltermin aufgrund der defekten Kuverts verschoben werden musste, sind ärgerlich – aber Österreich ist immer noch lebenswert, hat immer noch hohe soziale Standards und ein tolles Gesundheitssystem. Also warum die journalistische Aufregung, warum die im Kommentar verbreitete Weltuntergangsstimmung? So weit die Reaktion etlicher Leserinnen und Leser, die in diesem Fall wohl – das sei selbstkritisch eingestanden – einen realistischeren Blick auf die Realität hatten als der professionelle Journalist.

Und weil derlei konstruktive Tendenzen in der Leserschaft sich ja gottlob auch in die Chefredaktionen herumsprechen, bemühen sich alle professionellen Medien nicht nur um kritischen, sondern auch um konstruktiven Journalismus, wobei dies ja kein Widerspruch sein muss. Die großen Bundesländerzeitungen, darunter die *Salzburger Nachrichten* und die Tageszeitung *Die Presse* haben vor einiger Zeit 66 Persönlichkeiten zu einer Initiative namens »Aufbruch!« zusammengetrommelt. 66 Frauen und Männer aus Wirtschaft und Politik, Kultur, Sport und Wissenschaft wurden aufgefordert zu sagen, was sie an Österreich verbessern wollen. Konstruktiverer Journalismus ist kaum denkbar.

Freilich illustriert dieses Beispiel gleichzeitig, wie schwierig es ist, der Politik auf diesem Wege Handlungsanleitungen zu geben. Die 66 Persönlichkeiten waren sich in ihren Vorschlägen keineswegs einig. Da gab es den Vorstandsvorsitzenden der voestalpine, Wolfgang Eder, der mehr Reformtempo einmahnte und dies in der Forderung gipfeln ließ: »Zurück auf die Überholspur!« Und da gab es gleichzeitig den Schriftsteller Robert Menasse, der sagte, er habe »innenpolitisch nichts gegen mehr Stillstand«, da in unserer Gesellschaft ohnehin bereits so viel ins Rutschen gekommen sei. Wem also folgen, Eder oder Menasse? Ich könnte weitere Beispiele für widersprüchliche Ratschläge nennen, die von den 66 Persönlichkeiten kamen. Und das Interessante daran: Die meisten von ihnen hatten recht, auch wenn ihre Aussagen teilweise recht weit auseinandergingen. Der konstruktive Journalismus stößt an dieselben Grenzen wie die konstruktive Politik. Es gibt meist nicht den einen, den richtigen, den geraden Weg in die Zukunft. Die Wege sind gewunden und verzweigt, und der politische Streit ebenso wie der kritische Journalismus sind Folge des Umstands, dass die handelnden Personen uneins sind, welcher Weg einzuschlagen ist. Diese Uneinigkeit ist nicht nur verständlich, sie ist notwendig und wahrscheinlich sogar der Motor jeglichen Fortschritts.

Bereits einige Zeit vor der erwähnten Aktion propagierten die *Salzburger Nachrichten* in einer groß angelegten Initiative »Zehn Reformen, die Österreich jetzt braucht«. Die geforderten Reformen reichten von der Einführung gläserner Parteikassen über die flächendeckende Ganztagsschule bis zu einem modernen Wahlrecht. Die Berichterstattung über unsere Reformvorschläge wurde flankiert durch Experteninterviews, vertiefende Analysen und Kommentare sowie Podiumsdiskussionen vor großem Publikum. Es bedarf keiner besonderen Erwähnung, dass die hohe Politik unsere Reformvorschläge weiträumig ignorierte. Aber dennoch: Der Forderungskatalog »für ein besseres Österreich« stieß auf großes und wohlwollendes Echo bei den Leserinnen und Lesern. Es kamen zahlreiche Reaktionen, und fast alle waren positiv. Es bewahrheitete sich, was die Leserforschung uns sagt: Das Lesepublikum will nicht nur Horrormeldungen oder Kommentare darüber, wie schlecht die Welt ist. Das Publikum will auch Lösungsvorschläge. Das Publikum ist konstruktiv, das sollte der Journalismus auch sein.

Wenn in China ein Rad umfällt ...

Journalisten wären im Übrigen gut beraten, ihre eigene Rolle bei der Produktion von Nachrichten zu reflektieren. Warum beispielsweise wird in Europa rund um jede US-Präsidentenwahl ein beispielloser Medienhype entfacht, während ein vergleichbarer Vorgang in China – etwa die Bestellung eines neuen Chefs für die Staatspartei – bestenfalls in Randspalten abgehandelt wird? Gewiss, eine US-Präsidentschaftswahl ist ein Ereignis von weltpolitischen Dimensionen. Das ist ein Machtwechsel in China freilich auch. Der Grund, warum das eine Ereignis ein Übermaß an journalistischer Aufmerksamkeit erfährt und das andere weitgehend unbeachtet bleibt, ist banal – und ärgerlich. Er besteht darin, dass Journalismus wie eine ansteckende Krankheit funktioniert. Wenn die amerikanischen Kollegen hyperventilieren, greift dies ungebremst auf die europäischen Journalisten über, natürlich auch auf deren österreichischen Ableger, und sie hyperventilieren eifrig mit. In China gibt es keine hyperventilierenden Journalisten, sondern eine staatlich gelenkte Presse. Und daher keinen Informationstsunami, der nach Europa schwappen könnte. Und so bekommt ein neuer chinesischer Machthaber weniger mediale Aufmerksamkeit als die neue Frisur einer amerikanischen Präsidentschaftskandidatin. Dasselbe Phänomen ist in der chronikalen Berichterstattung zu beobachten. Eine Highschool-Schießerei irgendwo in Iowa findet in Europa breiteste mediale Beachtung. Eine Schul-Schießerei in Sibirien schafft es bei uns nicht einmal in die Kurznachrichten. Und zwar nicht etwa, weil die russischen Todesopfer weniger bedauernswert wären als die amerikanischen Opfer. Sondern aus dem einfachen Grund, dass in Sibirien nicht – wie in den USA – Dutzende Nachrichtenagenturen, TV-Stationen und sonstige News-Produzenten bereitstehen, die einander einen Wettlauf um die bessere Sensation liefern. Man sieht: Das Ausmaß medialer Berichterstattung ist nicht nur von der Bedeutung des Ereignisses abhängig, über das es zu berichten gilt. Sondern auch davon, ob genug verwertbares News-Material vorhanden ist. Was beileibe kein journalistisches Kriterium ist.

Die Boulevardpresse hat sich einem besonderen Aspekt des Constructive Journalism verschrieben, der freilich nicht diesen Namen verdient. Sie besteht auf den ersten Zeitungsseiten darauf, dass die Welt demnächst untergeht, ohne auch nur die geringsten Problemlösungsansätze anzubieten. Auf diesen ersten Seiten der Boulevardmedien ist von einer versagenden Politik, von marodierenden Verbrecherbanden, von sozialschmarotzenden Migranten, von einem demnächst kollabierenden Globus zu lesen. Wie der unmittelbar bevorstehende Weltuntergang abgewendet werden kann, wird nicht verraten, stattdessen machen die Weltuntergangsblätter auf ihren hinteren Seiten in Eskapismus. Tipps für einen schönen Garten, gegen Krähenfüße im Gesicht, gegen Krampfadern, für Hund und Katz und für die Herstellung einer besonders guten Marillenmarmelade sind das Trostpflaster zum Weltuntergang. Vorne Hetze, hinten Biedermeier. Damit kein Missverständnis entsteht: Genau das ist mit Constructive Journalism nicht gemeint. Genau das ist schlechter Journalismus.

Medienkunde:
Eine neue Kulturtechnik

Zurück zu den neuen Medien, die, wie wir festgestellt haben, eine neue Rezeption der Wirklichkeit geschaffen haben. Diese neue Rezeption der Wirklichkeit ist ein Phänomen, das weit über den Journalismus hinausreicht. Das weltweite Netz hat eine ganz neue Möglichkeit geschaffen, die Welt zu verstehen. Früher griff man, um ein Informationsdefizit zu beheben, zum Brockhaus. Darin stand das kanonisierte Wissen der Welt – oder zumindest ein Teil davon. Heute schlägt man nicht mehr im Lexikon nach, sondern im Internet. Das hat den Vorteil, dass in Sekundenschnelle das gesamte Wissen der Welt zur Verfügung steht. Und den Nachteil, dass in Sekundenschnelle auch das gesamte Nichtwissen, die gesammelten Verschwörungstheorien, der weltweit vereinigte Unsinn zur Verfügung steht. Was die Brisanz der Sache erhöht: Ihre Suchmaschine kennt

Sie besser als Sie sich selbst, sie präsentiert Ihnen nicht die relevanten Ergebnisse, sondern die Ergebnisse, von denen Ihre Suchmaschine glaubt, dass sie für Sie relevant sind. Das ist ein großer Unterschied. Vielleicht präsentiert sie Ihnen auch hauptsächlich jene Ergebnisse, von denen große Werbekunden wollen, dass sie für Sie relevant sind. Jedenfalls sind Sie gefangen im Echoraum. Das Internet bietet Ihnen nicht, wie man glauben könnte, die ganze Welt. Sondern nur einen Ausschnitt davon, den Sie nicht einmal selbst bestimmen können.

Das ist natürlich kein Plädoyer gegen das Internet. Es ist nicht einmal ein Plädoyer gegen die Informationssuche im Internet. Es ist nur ein Plädoyer für die Einführung einer neuen Kulturtechnik. Neben Lesen, Schreiben und Rechnen muss auch Quellenkritik vermittelt werden. Oder nennen Sie es Medienkunde, oder vielleicht fällt Ihnen ein brauchbarerer Begriff dafür ein. Ich meine damit eine Kulturtechnik, die die Menschen befähigt, Informationen richtig zu bewerten, richtig einzuordnen und richtig zu verarbeiten. Im Umgang mit der Welt der Nachrichten und der aktuellen Informationen können gerne wir Journalisten diesen Job erledigen. Im Umgang mit der restlichen Welt ist jeder und jede selbst für die Konstruktion seines und ihres Weltbildes verantwortlich. Daher brauchen wir die entsprechende Kulturtechnik, die an Schulen und Universitäten gelehrt werden muss.

Im Übrigen sind wir derzeit mit wirtschaftlichen Entwicklungen konfrontiert, die dem Journalismus – und ganz allgemein der »Content«-Produktion – neue Perspektiven eröffnen wird. Im Herbst 2015 wurde bekannt, dass der amerikanische Telekommunikationsriese AT & T den Medienriesen Time Warner geschluckt hat. Bereits zuvor erwarb Amazon-Gründer Jeff Bezos die *Washington Post*. Carlos Slim, Mehrheitseigentümer des Telekomriesen América Móvil, ist größter Gesellschafter der *New York Times*. Was lernen wir daraus? Die gigantischen Telekommunikations- und Informationshändler, die angeblich die Contentproduktion und den Journalismus vernichten, haben erkannt, dass sie ohne Content, ohne Journalismus nichts weiter sind als gigantische leere Hüllen. Oder gigantische Frachtschiffe, die keine Fracht haben und sinnlos über den Ozean dampfen. Daher kommt es zur Symbiose zwischen den Contenthändlern und -verbreitern mit den Contentproduzenten. Es kann für beide Seiten eine Win-win-Situation sein.

Fragen und Antworten

Wie sehen Sie die Entwicklung, dass immer mehr traditionelle Medien auch andere Kanäle bespielen, bis hin zu den sozialen Medien?

Ich sehe diese Entwicklung positiv. Journalismus kann auf jeder Plattform stattfinden, inklusive *Facebook* und *Twitter*. Dies natürlich nur dann, wenn auf diesen Plattformen die Bedingungen stimmen, sprich: wenn die Voraussetzungen für professionellen und qualitätsvollen Journalismus gegeben sind. Die Unabhängigkeit der Berichterstattung muss auf diesen Plattformen in der gleichen Weise sichergestellt werden wie in den herkömmlichen Redaktionen. Die Unabhängigkeit muss auch sichergestellt werden gegenüber den Betreibern der Plattform, von *Facebook* bis *Buzzfeed*. Und die hier tätigen Journalisten müssen die Ressourcen haben, die notwendig sind, um qualitätsvollen Journalismus liefern zu können. Wenn all das zutrifft, sehe ich journalistische Tätigkeiten über moderne Ausspielkanäle eindeutig positiv.

Trifft der Eindruck zu, dass es heute mehr Meinungsjournalismus gibt als früher?

Das ist durchaus richtig, und es hat mit den neuen journalistischen Produktionsbedingungen zu tun. In der Tageszeitung hat die klassische Nachricht ausgedient: Ich als Zeitungsjournalist kann meinen Leserinnen und Lesern nichts Neues erzählen, wenn ich sie bloß über aktuelle Vor-

kommnisse informiere. Wenn heute Deutschland die Fuß-
ballweltmeisterschaft gewinnt, oder wenn Donald Trump
die US-Präsidentschaftswahl gewinnt, dann können Sie das
sekundenaktuell in sämtlichen elektronischen Medien sogar
auf Ihrem Smartphone verfolgen. Es hat also wenig Sinn,
wenn ich Ihnen die gleiche Information 24 Stunden später
in meiner Tageszeitung darbiete und noch Geld dafür ver-
lange. Würden Zeitungen heute noch so agieren, wären sie
tatsächlich dem Untergang geweiht, oder wahrscheinlich
wären sie längst untergegangen. Die Zeitungen haben sich
daher auf eine andere Art von Journalismus verlegt: Analysen, Erklärstücke, Reportagen – und die Kommentare, die
Sie angesprochen haben.

*Welche Auswirkungen hat es, wenn sich die Menschen zu-
nehmend auf »alternativen Kanälen« informieren? Früher
versammelte sich Österreich vor der »Zeit im Bild«, und am
nächsten Tag hatten alle den gleichen Informationsstand.*

Stimmt, das nationale Lagerfeuer gibt es nicht mehr. Es ver-
sammelt sich nicht mehr um 19.30 Uhr die ganze Nation
vor der *Zeit im Bild*. Ich habe bereits darauf verwiesen, dass
diese Entwicklung direkte Rückkoppelungen in die Politik
hat. Da die Öffentlichkeit heute in Zigtausende Teilöffentlichkeiten fragmentiert ist, schafft es die Politik nicht mehr
so leicht wie früher, großflächig Themen zu setzen und zu
bestimmen. Ich sehe diese Entwicklung nicht negativ. Stellen Sie sich vor, die Großdiktatoren des 20. Jahrhunderts
hätten ein Instrument gehabt wie die *Zeit im Bild* in ihren
besten Zeiten, als diese Sendung faktisch das Nachrich-

tenmonopol besessen hat. In einem solchen medialen Umfeld wäre es diesen Tyrannen noch besser gelungen, ganze Völker zu verhetzen. Das Fragmentieren der Öffentlichkeit macht die Öffentlichkeit gleichzeitig unberechenbarer. Der Wahlsieg Donald Trumps und das Brexit-Plebiszit im Vereinigten Königreich sind dafür die besten Beweise. Die Öffentlichkeit verhielt sich anders als von den Meinungseliten vorhergesagt und anders als von einem großen Teil des politischen Establishments erwünscht. Natürlich birgt auch diese Entwicklung erhebliche Risiken. Wenn sich die Rezipienten nur noch in Echoräume zurückziehen und nur noch ihre eigenen Verschwörungstheorien konsumieren, ist dies nicht im Sinne der Demokratie.

Wie weit ist der Staat verpflichtet, den Medien finanziell unter die Arme zu greifen?

Wenn der Staat – völlig zu Recht! – Geld zur Sicherstellung der Hochkultur ausgibt, müsste er auch Geld für die Sicherstellung von qualitätsvollem Journalismus ausgeben. Dies geschieht zwar, aber in nicht ausreichendem Ausmaß. Die Presseförderung ist viel zu gering dotiert, vor allem sind die Ausbildungsinstitutionen, die teilweise von der Presseförderung leben, extrem unterfinanziert. Natürlich ist die Presseförderung nicht ganz ohne Risiko. Sie führt zu einer gewissen Abhängigkeit der geförderten Medien vom Fördergeber, sprich: von der Bundesregierung. Dies kann die Unabhängigkeit der Berichterstattung und Kommentierung gefährden. Man muss also Modelle entwickeln, die eine Abkopplung der Vergabe der Presseförderung von der

Tagespolitik – und vor allem von den Tagespolitikern – sicherstellen.

Warum soll ein junger Mensch eine Zeitung abonnieren, wenn er dort Dinge liest, die er schon am Tag zuvor im Internet gelesen hat?

Wenn eine Zeitung das schreibt, was Sie tags zuvor auf Ihrem Smartphone gelesen haben, dann sollten Sie diese Zeitung wohl besser nicht abonnieren. Mein Ziel als Zeitungsjournalist ist es, Ihnen Dinge zu bieten, die Sie noch nicht wissen. Ich will Sie täglich überraschen. Überdies möchte ich Sie fragen, ob das, was Sie auf Ihrem Smartphone oder online gelesen haben, einem Realitätscheck standhält. Kennen Sie die Quelle? Ist die Quelle vertrauenswürdig? Das ist oft schwer nachzuvollziehen. Ein professioneller Journalist hingegen schöpft – zumindest sollte er das tun – aus vertrauenswürdigen Quellen und hat die Informationen einem Gegencheck unterzogen. Auch das sollte Grund genug sein, den traditionellen Medien die Treue zu halten.

Wie soll ich als User die Vertrauenswürdigkeit von Internetquellen überprüfen?

Diese Frage ist natürlich nur von Fall zu Fall zu beantworten. Was mir aber ein Anliegen ist, das ist die Etablierung eines Unterrichtsfachs oder meinetwegen Unterrichtsprinzips namens Medienkunde. Oder Quellenkritik. Die Aufbringung von Informationen, das Heranschaffen von Fakten aus alten und vor allem aus neuen Medien. Sie wissen so gut wie ich, dass im Internet die größten Dummheiten und die größten Weisheiten unreflektiert nebeneinander stehen und auf den ersten Blick kaum zu unterscheiden sind. Die Fähigkeit, diesen Unterschied zu verstehen, ist erforderlich für die Erkenntnis der Welt.

Sollen Zeitungen ihre Inhalte online gratis zur Verfügung stellen?

Nein. Wir haben nichts zu verkaufen als unseren Content, und wenn wir den verschenken, ruinieren wir unser Geschäftsmodell. Die Firma Mercedes verschenkt ihre Autos ja auch nicht, sondern verkauft sie zum Höchstpreis. Und je mehr Geld sie verlangt, desto höher ist das Prestige des Autos.

Ich sehe ein, dass Sie dafür plädieren, mediale Inhalte nicht zu verschenken. Aber welche Veranlassung sollte ich haben, Geld dafür auszugeben?

Ich muss an Ihr demokratisches Verantwortungsbewusstsein appellieren. Qualitätsjournalismus ist eine der Voraussetzungen für eine funktionierende Demokratie. Gleichzeitig kostet der qualitätsvolle Journalismus Geld. Wenn eine Gesellschaft nicht dazu bereit ist, dieses Geld zu investieren, untergräbt sie ihr Fundament.

Dank E-Mail und sozialen Medien können Leserinnen und Leser heute viel direkter auf Ihre Beiträge reagieren. Beeinflusst das Ihre Arbeit?

Wenn Sie unter »beeinflussen« meinen, dass ich meinen Lesern nach dem Mund schreibe, dann hoffe ich, Ihre Frage verneinen zu können. Wobei eine Rückkoppelung zwischen Lesern und Journalisten durchaus fruchtbringend sein kann. Es schadet nichts, wenn der Journalist weiß, wie seine Leser ticken. Wenn mich Leser anrufen und sich über meine Kommentare beschweren, dann pflege ich zu fragen: »Wollen Sie in Ihrer Zeitung tatsächlich nur zu hundert Prozent das lesen, was auch Ihre Meinung ist? Ist es nicht weit reizvoller, sich mit anderen, sogar gegenteiligen Meinungen auseinanderzusetzen?« Viele Leser, die im Zorn die Zeitung abbestellen wollten, können durch dieses Argument an Bord gehalten werden.

2. JOURNALISMUS UND MORAL
Grenzen und Grenzverletzungen

Journalisten und Journalismus werden auch und gerade in der Zukunft eine wichtige Rolle spielen. *Twitter* und *Facebook* können den Journalismus nicht ersetzen. Ganz im Gegenteil. In Zeiten eines ungebremsten Infotsunamis wird es immer wichtiger, aus dem Gewoge der Banalitäten die wichtigen und vor allem richtigen Informationen herauszufiltern. Diese Tätigkeit erfordert nicht nur das notwendige professionelle Rüstzeug, sie ist auch mit großer gesellschaftspolitischer Verantwortung verbunden. Wir sind also beim Problem der Ethik im Journalismus angelangt. Wir sind bei der Frage angelangt, was Journalisten schreiben sollen, dürfen – und müssen.

Die Frage ist weniger absurd, als sie scheint. Haben wir nicht die Pressefreiheit, die dem Journalisten und der Journalistin umfassende Schreibrechte einräumt? Ja, aber. Auch in einer Gesellschaft wie unserer, die sich weitgehender Pressefreiheit erfreut, gibt es Grenzen des Journalismus. Und zwar ethische Grenzen. Nur: Wo liegen sie? Sicherlich nicht dort, wo das Strafrecht sie zieht. Wer geheime Regierungsdokumente enthüllt oder einen peinlichen E-Mail-Verkehr der Demokraten im US-Präsidentschaftswahlkampf, der mag gesetzliche Vorschriften verletzt haben. Als Anhänger des Rechtsstaats finde ich richtig, dass die betreffenden Journalisten und Enthüller auch die Härte dieser Gesetze zu spüren bekommen. Denn im Rechtsstaat steht niemand über dem Recht. Auch nicht ehemalige Finanzminister. Und auch nicht Journalisten und Enthüller. Im Rechtsstaat heiligt der Zweck niemals die Mittel.

Aber dennoch können die Aufdecker, selbst wenn sie die eine oder andere Vorschrift verletzen, durch ihre Enthüllungen der Demokratie einen sehr wichtigen Dienst erweisen. Wäre ich Richter, würde ich Journalisten, die gesetzliche Geheimhaltungsvorschriften missachtet haben, nach den geltenden Gesetzen verurteilen. Wäre ich Senatsmitglied des Presserats, und das bin ich tatsächlich, würde ich aber alles tun, damit der Presserat das Vorgehen der Journalisten billigt. Und würde mich mit allen journalistischen Mitteln dafür einsetzen, dass die Geheimhaltungsvorschriften so weit gelockert werden, dass Enthüllungsjournalisten in Zukunft kein Strafverfahren zu fürchten haben. Dessen ungeachtet ist festzuhalten: Strafgesetz und journalistische Ethik müssen nicht immer deckungsgleich sein, nicht einmal in einem Rechtsstaat, nicht einmal in einer Demokratie. Und vor allem nicht in Österreich, wo eine überbordende Amtsverschwiegenheit es Journalisten verunmöglicht, Informationen, die in einer Demokratie öffentlich sein sollten, in Erfahrung zu bringen. Ich werde später auf dieses Problem zurückkommen.

Übrigens gibt es im Zusammenhang mit dem Enthüllungsjournalismus ein weiteres Problem zu beachten. Wie sich spätestens im Herbst 2016 angesichts der Wikileaks-Enthüllungen über die demokratische US-Präsidentschaftskandidatin Hillary Clinton herausgestellt hat, weist der Enthüllungsjournalismus mitunter eine »hidden agenda«, einen versteckten Daseinszweck auf. Sämtliche Enthüllungen in diesem Zusammenhang schadeten Hillary Clinton, nutzten daher ihrem letztlich siegreichen Konkurrenten Donald Trump, nützten somit dem russischen Despoten Wladimir Putin, der sich Trump als Präsidenten wünschte. Man sieht: Enthüllungen passieren nicht im luftleeren und schon gar nicht im ethikfreien Raum. Enthüllungsjournalisten, die sich instrumentalisieren lassen und sich nicht die Frage stellen, welchen Interessen sie dienen, schaden mitunter der Demokratie. Selbstreflexion, die Reflexion über das eigene journalistische Tun ist allen Journalistinnen, allen Journalisten anzuraten. Besonders aber Enthüllungsjournalisten, die – man verzeihe die kriegerische Metapher, aber hier ist sie angebracht – eine Bombe in Händen halten.

Terror und Medien

Eine weitere Grenze des Berichtbaren ist zu beachten, aber wo ist sie zu ziehen? Sie kennen die These, wonach es ohne mediale Berichterstattung keinen Terrorismus gäbe. Denn Sinn des Terrors sei die globale Verbreitung von Angst und Schrecken. Diese Verbreitung würde nicht stattfinden, würden sich nicht die Medien zu willigen Sprachrohren der Terroristen machen. Und würden sie nicht in dicken Schlagzeilen über all die Terroranschläge und Selbstmordattentate berichten. Würden die Medien über den Terror schweigen, würde dem Terror die Geschäftsgrundlage entzogen. So lautet diese These.

Ich bin davon überzeugt, dass sie falsch ist. Denn erstens unterstellt sie den Terroristen ein zu hundert Prozent rationales, fast mechanistisches Handeln. Sie unterstellt, dass der einzige Zweck des Terrors die globale Schreckensverbreitung ist, und wenn dieser einzige Zweck nicht erreicht wird, wenden sich die Terroristen achselzuckend anderen Tätigkeiten zu. Diese Sichtweise geht von einem falschen Menschenbild aus. Kein Mensch handelt zu hundert Prozent rational. Die Terroristen mögen auf die globale mediale Verbreitung ihrer Missetaten abzielen, doch menschliche Erfahrung lehrt, dass auch andere Beweggründe im Spiel sind. Simpler Hass beispielsweise. Oder der Drang, irgendjemandem, am ehesten wohl sich selber, etwas beweisen zu wollen. Oder die Vorstellung, durch die Tat Gutpunkte für ein besseres Jenseits zu sammeln. Diese Beweggründe haben mit der medialen Tangente des Terrorismus allesamt nichts zu tun, wir können also davon ausgehen, dass der Terror auch stattfinden würde, wenn die Medien nicht über ihn berichteten. Das heißt: Journalisten können ohne ethische Seelenqualen über terroristische Akte berichten. Und sie sollen das auch, denn ihre Aufgabe ist es ja, die Welt so zu zeigen, wie sie ist. Zur Welt, wie sie ist, gehört der Terrorismus leider dazu.

Meine Überzeugung, dass Medien breitflächig über Terroranschläge berichten können und sollen, wird klarerweise nicht von allen geteilt. Als das *profil* im Sommer 2016 eine Coverstory über die Terrorwelle brachte, die damals Europa erschütterte, musste sich die Redaktion des Nachrichtenmagazins schwere Vorwürfe der vereinigten Twitteria anhören. Tenor dieser Vorwürfe: Wie kann man nur den Terroristen den Gefallen tun, eine Titelstory über sie zu bringen? Eine *profil*-Redakteurin konterte mit einem klugen Satz: »Bei aller berechtigten Medienkritik, ein Nachrichtenmagazin, das mir einen Amoklauf oder Terroranschlag verschweigt, möchte ich nicht lesen.« Dem ist nichts hinzuzufügen. Außer vielleicht der Satz, dass ich nicht bloß so ein Nachrichtenmagazin nicht lesen möchte. Ich möchte auch nicht in einem Land leben, dessen Medien mir wesentliche Dinge verschweigen. Denn diesem Land würde ein wesentlicher Bestandteil der Demokratie fehlen.

Was man nicht schreiben darf

Wenn Sie mir darin zustimmen, dass Journalisten die Welt so zeigen sollen, wie sie ist, können wir zum nächsten heiklen Thema übergehen. Auch hier geht es um die Frage: Was darf ein Journalist, eine Journalistin schreiben? Was muss er oder sie schreiben? Und was darf er oder sie nicht schreiben? Gibt es überhaupt etwas, das er oder sie nicht schreiben darf?

Ja, das gibt es. Ein sattsam bekanntes hiesiges Boulevardblatt brachte vor Jahren die Titelblattmeldung, dass die Tochter eines weithin bekannten Spitzenpolitikers in der Schule durchgefallen sei. Die gesamte Seite eins dieser Tageszeitung zierte großflächig ein Schnappschuss des betreffenden Mädchens. Was hier irgendein Redakteur oder Chefredakteur bestenfalls gedankenlos ins Blatt gehoben hatte, stellte den schlimmsten denkmöglichen Verstoß gegen sämtliche ethische Regeln des Journalismus dar. Zunächst einmal geht es nicht an, ein pubertierendes Mädchen für die tatsächlichen oder vermeintlichen politischen Sünden des

Vaters büßen zu lassen. Die Familie eines Spitzenpolitikers sollte absolut kein Gegenstand der Berichterstattung sein, nicht der positiven und schon gar nicht der negativen. Es sei denn, der betreffende Politiker hat die Journaille zwecks Homestory in sein trautes Heim geladen. Doch selbst in diesem Fall sollte es Grenzen der Unanständigkeit geben, und die beginnen spätestens dort, wo es um minderjährige Kinder geht. Dazu kommt der Umstand, dass das Schulversagen eines Kindes auch dann kein Gegenstand der Berichterstattung sein darf, wenn dieses Kind keinen prominenten Vater hat. Man stelle sich das Seelenleben eines halbwüchsigen Mädchens vor, das in der Schule Probleme hat – und die ganze Welt erfährt mittels bunter Tageszeitung davon. Der Umstand, dass im konkreten Fall die Meldung noch dazu falsch war, das Mädchen also gar nicht durchgefallen ist, tut da gar nichts mehr zur Sache.

Oder, ein anderer Fall: Ein Wiener Boulevardblatt brachte vor einigen Jahren ein Foto, auf dem zu sehen war, wie die als Mädchen entführte und jahrelang gefangen gehaltene Natascha Kampusch in einem Tanzlokal einen jungen Mann küsst. Recht auf Privatleben, Recht auf Intimität in intimen Momenten? Vergessen Sie's. Frau Kampusch wurde durch diese und ähnliche Fälle einer überschießenden Berichterstattung zum zweiten Mal zum Opfer gemacht. Man kann natürlich einwenden, dass Frau Kampusch eine Person des öffentlichen Interesses sei und somit hinnehmen müsse, Objekt der Berichterstattung und der Fotografen zu werden. Diese Sichtweise übersieht, dass sie – erstens – nicht in jedem Moment ihres Lebens eine öffentliche Person ist. Und sie übersieht zweitens, dass Frau Kampusch ja nicht freiwillig zur öffentlichen Person geworden ist, sondern ihr diese Rolle mit extremer Gewalt durch ihren Entführer aufgezwungen wurde. Ein Fotograf oder sonstiger Journalist, der dies ausnützt, macht sich zum Profiteur eines Verbrechens. Wenn nicht gar zum geistigen Komplizen ihres Entführers.

Oder denken Sie an die Berichterstattung über jenen Mann, der in Amstetten einen Teil seiner Familie jahrelang im Keller gefangen hielt. Ich nenne absichtlich nicht seinen Namen, obgleich die meisten hiesigen Medien nichts dabei fanden, den Namen dieses Mannes zu nennen und auch sein Gesicht zu zeigen. Wenn ich auf die Namensnennung und auf den Abdruck des Konterfeis verzichte, so erfolgt das nicht aus Gründen eines übertriebenen Täterschutzes. Sondern aus Gründen eines durchaus angebrachten Opferschutzes. Denn wer den Mann kenntlich macht, macht damit auch seine Opfer kenntlich. Doch der Name der Opfer geht die Öffentlichkeit nichts an. Niemand hat es verdient, sein Leben lang als Opfer eines furchtbaren Verbrechens stigmatisiert zu sein.

Oder denken Sie an die Angehörigen des Absturzes einer German-Wings-Maschine, die im Frühjahr 2015 auf dem Weg von Barcelona nach Düsseldorf war. Die Maschine stürzte über Frankreich ab, die entsetzten Angehörigen eilten zum Flughafen, und dort warteten schon die Reporter, die ihnen mit ihren Fotoapparaten ins Gesicht blitzten. Es fanden sich sogar etliche Medien, die diese Bilder veröffentlichten: Menschen in tiefster Trauer, in namenlosem Entsetzen – sensationsgierigen Reportern preisgegeben, die ihr Elend einer sensationsgierigen Öffentlichkeit feilbieten.

Man kann sich nur mit Grauen von dieser Art des Journalismus abwenden.

Kurzum: Es gibt Dinge, die ein Journalist nicht schreiben darf. Nämlich Dinge, die die Persönlichkeitsrechte eines Menschen verletzen. Je weniger prominent dieser Mensch ist, desto enger müssen diese Grenzen gezogen werden.

Die Verschweigespirale

Mitunter werden die Grenzen des Zulässigen aber von den Journalisten viel enger gezogen als nötig und zulässig ist. Mitunter werden Nachrichten einfach verschwiegen. Dies vor allem dann, wenn das Verschweigen einem vermeintlich guten Zweck dient. Vor einiger Zeit war auf einem viel besuchten Nachrichtenportal eine lange Meldung darüber zu lesen, dass einem mutmaßlichen dreiundzwanzigjährigen Serienvergewaltiger der Prozess gemacht werde. Der Umstand, dass dieser Serienvergewaltiger kein Einheimischer war, kam in der gesamten Meldung nicht vor, was sicherlich dem Umstand geschuldet war, dass der betreffende Redakteur oder die betreffende Redakteurin keine Ressentiments gegen Migranten schüren wollte. Ich denke aber, hier handelt es sich nicht mehr um den Schutz berechtigter Persönlichkeitsrechte, sondern um schlichte Manipulation. Die auch dann eine Manipulation bleibt, wenn sie im Sinne der vermeintlich oder tatsächlich guten Sache begangen wurde. Denn was wurde dadurch gewonnen, dass die Herkunft des mutmaßlichen Täters verschwiegen wurde? Gewiss, das Volk, dem der Missetäter angehört, wird nun nicht mit der Missetat dieses Dreiundzwanzigjährigen in Verbindung gebracht. Dafür aber alle Dreiundzwanzigjährigen. Und alle Männer, denn die Tatsache, dass es sich um einen dreiundzwanzigjährigen Mann handelt, ist der moralischen Schere nicht zum Opfer gefallen. Warum eigentlich nicht? Würde man die Logik dieser Manipulation fortsetzen, müsste man schreiben: Einer Person wird wegen Serienvergewaltigung der Prozess gemacht. Alter und Geschlecht müssten ebenso ausgeblendet bleiben wie Herkunft des mutmaßlichen Täters.

Sie werden mir zustimmen, dass eine solche Logik nicht nur das Ende des Journalismus wäre, sondern auch das Ende der Informationsgesellschaft. Denn diese lebt davon, dass sie so viele Fakten kennt wie möglich. Wenn die Journalisten beginnen, die Fakten zu zensurieren, leisten sie einen Beitrag zur unaufgeklärten Gesellschaft. Nicht anders ist die kürzlich auf demselben Nachrichtenportal erschienene Schlagzeile zu bewerten, die da lautete: »Grazer schächtete Schafe in der Oststeiermark.« Man schüttelte den Kopf über die ortsunüblichen Umtriebe dieses Grazers, ehe man sozusagen im Kleingedruckten erfuhr, dass der Betreffende Mitglied einer türkischstämmigen Familie war. Doch dieses Detail wurde versteckt, weil man Ressentiments gegen Türken vermeiden wollte. Dass man dafür Ressentiments gegen Grazer schürte, nahm man billigend in Kauf.

Oder, ebenfalls kürzlich, die Schlagzeile: »Kubaner durch Messerstiche verletzt.« Text: »Ein 36 Jahre alter Kubaner ist Samstagabend in einem Lokal auf der Donauinsel durch zwei Messerstiche in den Rücken verletzt worden. Die

Sondereinheit WEGA nahm wenig später einen 24 Jahre alten Mann als Tatverdächtigen fest.« Das Opfer ist also, wie zwei Mal betont wird, ein Kubaner. Der mutmaßliche Täter ein »Mann«. Der geübte Leser, die geübte Leserin, weiß nun bereits, dass es sich um keinen autochthonen Österreicher handelt, denn sonst wäre der Täter nicht als »Mann« bezeichnet worden, sondern als Steirer, Tiroler oder Wiener. Und tatsächlich: Im letzten Absatz erfährt man, dass es sich beim mutmaßlichen Täter um einen Afghanen handelt. Offensichtlich genießen Täter einen größeren Persönlichkeitsschutz als Opfer.

Mit diesem Phänomen hat sich bereits im Herbst 2015 der Philosoph Konrad Paul Liessmann in seiner bereits erwähnten Rede vor österreichischen Verlegern und Journalisten beschäftigt. Liessmann warnte vor der Transformation des Qualitätsjournalismus in Meinungsjournalismus. Dies vor allem in Zusammenhang mit der Flüchtlingsthematik. Es sei problematisch, »wenn der Wille zum Guten die professionelle Distanz, die Moral die Recherche und die Meinung die Analyse ersetzt«. Das sei derzeit sowohl in Österreich als auch in Deutschland zu bemerken: »Nicht durch das, was sie sagen, sondern durch das, was sie nicht sagen, geraten seriöse Medien in einer Welt der raschen digitalen Informationszirkulation ins Zwielicht«, meinte Liessmann. Ähnlich sah das bei derselben Veranstaltung *Standard*-Chefredakteurin Alexandra Föderl-Schmid: Mit dem, was wir nicht berichten, »können wir durchaus Meinung machen«, sagte sie.

Diese Art von Verschweigejournalismus führt uns zurück in die sowjetische Besatzungszeit 1945 bis 1955, als die unter der Besatzungsknute unterworfenen Blätter von »unbekannten Tätern« schreiben mussten, wenn Missetaten sowjetischer Besatzungssoldaten gemeint waren. Die Leser lasen damals zwischen den Zeilen und wussten Bescheid. Nicht anders als heute: Wenn wir lesen, dass nicht näher bezeichnete »Männer« einer Missetat bezichtigt werden, weiß die eingeweihte Leserschaft, dass es sich um Menschen mit Migrationshintergrund handelt, die unter dem Schutz gutwilliger Journalisten stehen. Wenn von »Großfamilien« die Rede ist, die sich in Wien-Ottakring eine Massenschlägerei geliefert haben, weiß die eingeweihte Leserschaft, dass es sich bei diesen Großfamilien vermutlich nicht um autochthone Ottakringer handelt. Warum zwingt man die Leserschaft, zwischen den Zeilen zu lesen? Warum steht die Wahrheit zwischen statt in den Zeilen?

»Drogen: Bisher 24.000 Anzeigen. Österreicher weit voran«, meldete eine Zeitung im Herbst 2016 unter Berufung auf Zahlen des Innenministeriums. Und wollte mit dieser Überschrift offenkundig suggerieren, dass die weit verbreitete Ansicht, die hiesige Drogenkriminalität sei zu einem großen Teil in den Händen von Zuwanderern, nichts weiter sei als ein fremdenfeindliches Vorurteil. Dankenswerterweise lieferte die Zeitung noch weitere Zahlen und strafte sich somit selbst Lügen. Denn wie sich herausstellte, waren von den exakt 24.102 wegen Drogendelikten angezeigten Personen 13.632 österreichische Staatsbürger, 1483 Nigerianer, 945 Algerier, 703 Afghanen, 596 Marokkaner. »Österreicher weit voran?« Keine Spur. Denn laut »Medienservicestelle Neue ÖsterrereicherInnen« leben in Österreich rund 7500 Personen nigerianischer Herkunft.

Das entspricht nicht einmal einem Tausendstel der Gesamteinwohnerzahl. Dieses Tausendstel ist aber für weit mehr als ein Zwanzigstel der angezeigten Drogendelikte verantwortlich. Ähnlich sind die Größenverhältnisse bezogen auf die Angehörigen der algerischen, afghanischen und marokkanischen Community: Sie sind in der Drogenkriminalitätsstatistik um einige Potenzen überrepräsentiert. Die Schlagzeile »Österreicher weit voran« ist also eine fromme Lüge, die jenen, die die Zeitungen als »Lügenpresse« bezeichnen, reichlich Nahrung gibt.

Warum das Verschweigen? Warum die frommen Lügen im Sinne der vermeintlich guten Sache? Die Antwort ist einfach, und ich habe sie schon vorhin angedeutet. Der verantwortungsvolle Journalismus will Ressentiments gegen Zuwanderer verhindern, mit allen Mitteln, und sei es mit den Mitteln der frommen Lüge, des Verschweigens, der Selbstzensur. Das ist in mehrfacher Hinsicht problematisch. Zum einen, weil Zensur immer problematisch ist, auch wenn es sich um Selbstzensur handelt. Und zum anderen weil der Versuch, mit journalistischen Mitteln die Menschen zu erziehen, in einer Demokratie keinen Platz haben sollte. Der Versuch, Rezipienten eine bessere Welt vorzugaukeln, mag angehen, wenn es sich bei den Rezipienten um Kinder handelt, denen die Eltern die Existenz des Christkinds vorgaukeln. In der Erwachsenenwelt haben solche Versuche nichts verloren, im Journalismus schon gar nicht. Wir Journalisten sind verpflichtet, den Menschen die Fakten zu geben. Auch wenn diese Fakten unangenehm sind, auch wenn sie nicht in unser journalistisches oder politisches Weltbild passen. Alles andere ist nicht nur zutiefst undemokratisch, sondern auch zutiefst kontraproduktiv. Wenn die Menschen das Gefühl haben, dass die Einzigen, die die sogenannte Wahrheit sagen, die Rechtsparteien und die Krawallblätter sind, werden sie sich in steigendem Maße den Rechtsparteien und den Krawallblättern zuwenden. Ich halte es für besser, Probleme klar zu benennen und auf diese Art den ersten Schritt zu ihrer Lösung zu tun. Fingerspitzengefühl und Faktentreue sind kein Widerspruch. Journalisten sind dazu da, Tatsachen zu beschreiben und nicht dazu, Tatsachen zu vertuschen. Journalisten sind dazu da, ihre Leser durch die Versorgung mit Fakten zu informieren. Und nicht dazu, sie mittels Verschweigen von Fakten zu vermeintlich besseren Menschen zu erziehen. Wer keine Einwände hat gegen die Schlagzeile »Tiroler überfiel Tankstelle«, der darf auch keine Einwände haben gegen die Schlagzeile: »Afghane überfiel Tankstelle«. Ich halte nichts davon, dass wir aus Gründen einer falschen politischen Correctness eine Medienlandschaft schaffen, in der die Menschen wieder zwischen den Zeilen lesen müssen, wenn sie die Wahrheit erfahren wollen.

Schlagzeilen können lügen

Journalisten sind den Tatsachen verpflichtet. Sie sind verpflichtet, alle relevanten Fakten zu berichten. Ein Verschweigen von Fakten ist nur aus ganz spezifischen Gründen statthaft. Wenn es etwa dem Persönlichkeitsschutz dient. Oder der staatlichen Sicherheit. In den meisten übrigen Fällen kommt das Verschweigen von Fakten der Verbreitung von Halbwahrheiten gleich.

Von der Halbwahrheit zur Lüge ist es nur ein Schritt, und dass Schlagzeilen lügen können, ist seit Erfindung der Schlagzeile bekannt. »Drei Palästinenser nach Angriffen im Westjordanland getötet«, schreibt ein Nachrichtenportal. Und weiter: »Israelische Soldaten haben drei Palästinenser im Westjordanland erschossen.« Allgemeine Empörung in der Leserschaft über die bösen israelischen Soldaten. Nur wer jetzt noch weiterliest, der erfährt: »Zwei der Männer (nämlich der Palästinenser, Anm.) hätten mit Handfeuerwaffen zuvor das Feuer auf Zivilisten und Soldaten eröffnet, teilte das Militär heute mit.« Schlagzeilen können lügen. Sie können Täter zu Opfern machen. Eine wahrheitsgemäße Schlagzeile hätte gelautet: »Terroristen bei Mordanschlag getötet.« Man fühlt sich an einen traurigen Witz aus der Spätzeit der Weimarer Republik erinnert. Im Zirkus. Auftritt des Löwenbändigers. Ein Löwe entwischt und springt mit gefletschten Zähnen mitten ins Publikum. Ein junger Zuseher bannt die Gefahr, indem er den Löwen mit seinem Regenschirm bewusstlos schlägt. Es stellt sich heraus: Der junge Zuseher ist Jude. Am nächsten Tag titelt der *Völkische Beobachter*: »Frecher Judenlümmel misshandelt edles Tier!«

Im Gegensatz zu den Zuständen beim *Völkischen Beobachter* gehe ich davon aus, dass die von mir erwähnten Beispiele von grob irreführenden Schlagzeilen und Berichten nicht aus böser Absicht erfolgt sind. Andernfalls müsste man unterstellen, dass sie möglicherweise aus Antisemitismus erfolgt sind. Oder aus Antizionismus, der meines Erachtens in vielen Fällen nichts weiter ist als verkappter

Antisemitismus. Allenfalls wäre zu untersuchen, woher die von mir kritisierten Journalisten ihre einseitigen Informationen bezogen, ob bereits die aus der betroffenen Region stammende Grundinformation diese schwere inhaltliche Schlagseite hatte, und wenn ja: Warum das so ist und wer dahintersteckt.

Der Presserat. Und warum er wirkt.

Ich habe mir schon vor etlichen Jahren eine düstere, vielleicht allzu düstere Bestandsaufnahme der Moral im Journalismus erlaubt, und zwar 2009 in einer Festschrift zum 150. Geburtstag des Presseclubs Concordia. »Kaum eine Branche reflektiert das eigene Tun so wenig wie die Journalistenbranche«, schrieb ich damals. »Kaum eine Branche verfügt über so wenig Bereitschaft zur Selbstevaluierung wie die Journalistenbranche. Journalisten sind, vom Strafrecht abgesehen, niemandem verantwortlich als dem eigenen Gewissen. Soweit es vorhanden ist.«

Das habe ich 2009 geschrieben, und ich würde es heute nicht mehr so schreiben. Dies aber nicht, weil ich an eine Spontanheilung der journalistischen Unmoral glaube. Sondern weil ein Jahr nachdem dieser Text erschienen ist, in Österreich endlich wieder ein Presserat eingerichtet wurde, also ein Organ der journalistischen Selbstkontrolle, das die schlimmsten Auswüchse eines entfesselten Journalismus anprangert. Es gab auch bereits früher einen Presserat, 1961 gegründet und im Dezember 2001 nach einem Konflikt zwischen den wichtigsten Trägerverbänden, dem Verband

Österreichischer Zeitungen (VÖZ) und der Journalisten-gewerkschaft aufgelöst. In den neun Jahren vor 2010 gab es also, was eher ungewöhnlich und sogar bedenklich ist für eine Demokratie westlichen Zuschnitts, kein Organ der journalistischen Selbstkontrolle, und die Branche konnte sanktionslos in moralischer Hinsicht außer Rand und Band geraten. Bedenklich erschien mir damals auch, dass die Politik das Fehlen der journalistischen Selbstkontrolle durchaus registrierte und auf ihre Art reagierte. Ein Spitzenpolitiker der damals regierenden ÖVP-FPÖ-Koalition äußerte sogar die Absicht, dass es – da ja die Zeitungsbranche offenkundig nicht in der Lage sei, ein Organ der Selbstkontrolle einzurichten – der Gründung eines staatlichen Presserats bedürfe. Ich hielt und halte diese Ankündigung für alarmierend. Denn ein staatlicher Presserat ist der erste Schritt zur staatlichen Journalistenkontrolle. Er konterkariert die Pressefreiheit und den Grundsatz, dass der Journalismus ein freier Beruf ist, ohne jegliche Zutrittskontrolle. Vor allem ohne staatliche Zutrittskontrolle. Dieser freie Zutritt, zugegeben, ist ein offenes Tor für journalistische Auswüchse und Sünden. Er ist aber gleichzeitig Voraussetzung für die Pressefreiheit. Dass der Staat den Bereich der klassischen elektronischen Medien, sprich: Radio und Fernsehen, mit Lizenzen regelt, ist aus technischen Gründen wohl unerlässlich. Im Print- und Digitalbereich gibt es keine technischen Grenzen und keine knappen Leitungsressourcen, weshalb staatliche Regelungen auf ein Minimum – wie es etwa das Straf- oder das Urheberrecht gebietet – beschränkt bleiben müssen. Eine staatliche Medien-Moralanstalt hingegen ist unangebracht.

Seit 2010 gibt es in Österreich also wieder einen Presserat, der über den »Ehrenkodex für die österreichische Presse« – denn auch einen solchen gibt es – wacht. Dieser Presserat ist sozialpartnerschaftlich organisiert, er wird von der Verlegern und der Gewerkschaft und den großen Journalistenorganisationen getragen und erfreut sich breiter Akzeptanz. Leider nicht restloser Akzeptanz, denn die Wiener Boulevardzeitungen verweigern die Mitgliedschaft. Dass dies ein großes Manko ist, versteht sich. Wie aus der Fallstatistik für 2015 hervorgeht, hat der Presserat in diesem Jahr in 46 Fällen einen Verstoß gegen die journalistischen Grundprinzipien festgestellt. Davon betrafen 19, also 41 Prozent der Fälle, die *Kronen Zeitung*. Die Gratiszeitung *heute* wurde siebenmal gerügt. Die Tageszeitung *Österreich* neunmal. Alle anderen Zeitungen kamen auf jeweils maximal zwei Verurteilungen durch den Presserat. Da die drei genannten Blätter, die sich den Löwenanteil der Rügen einfangen, den Presserat nicht akzeptieren, veröffentlichen sie auch nicht dessen Urteile. Ich will freilich nicht ausschließen, dass die häufigen Verurteilungen durch den Presserat dennoch zu einem positiven Umdenken in den betroffenen Redaktionen führen. Ich denke und hoffe, dass sich kein Journalist und keine Journalistin gerne der Verletzung journalistischer Grundprinzipien zeihen lässt, auch dann nicht, wenn der dazugehörige Verleger dem Presserat die Anerkennung verweigert.

Natürlich kann man die Frage stellen, und sie wird auch oft gestellt, ob man dem Presserat nicht schärfere Sanktionsmechanismen zur Verfügung stellen sollte. Derzeit beschränkt sich die erzieherische Tätigkeit dieses Selbstkontrollorgans ja auf die Feststellung, dass diese oder jene Zeitung oder dieser oder jener Journalist den Ehrenkodex der österreichischen Presse verletzt hat. Die betroffene Zeitung muss die Entscheidung des Presserats veröffentlichen. Mehr an Sanktionen ist nicht möglich. Das wird oftmals kritisiert.

Ich meine, dass die Sanktionsmöglichkeiten des Presserats ausreichend sind. Zum einen, weil sich Menschen, die sich durch mediale Berichterstattung in ihren Rechten beschnitten fühlen, ja auch den ordentlichen Rechtsweg beschreiten können, wo es sehr wohl strenge Sanktionen gegen Medien gibt. Und zum anderen, weil auch in dieser Hinsicht die Pressefreiheit ein hohes Gut ist. Ein Presserat, der allzu tief in die Berichterstattung der Medien einwirken könnte, der beispielsweise verordnen könnte, dass ein bestimmter Journalist nicht mehr über ein bestimmtes Thema schreiben dürfe, käme unweigerlich mit der Pressefreiheit in Konflikt. Die Pressefreiheit bedeutet auch, dass unter ihrem Schutzmantel Unsinn verbreitet werden darf. Würde man eine Institution schaffen, die den Unsinn wegzensuriert, hätten wir genau das, was in dem Zeitwort steckt: die Zensur.

Die in manchen Medien vertuschende, in anderen Medien verhetzende Berichterstattung über Kriminalfälle, in die Migranten verwickelt sind, hat den Presserat im Herbst 2016 zur Herausgabe einer »Checklist« veranlasst. Sie soll, wie es in einer Erklärung des Presserats heißt, ein Beitrag sein zu »verantwortungsvollem Journalismus in der Flüchtlingsberichterstattung« und enthält die folgenden Punkte, präziser: Sie richtet an die berichtenden Journalisten die folgenden Fragen:

- Würde ich über ein Fehlverhalten auch dann berichten, wenn es nicht von einem Ausländer/Asylwerber/Migranten gesetzt worden wäre?
- Habe ich das Thema ausreichend recherchiert, gehen meine Quellen über bloße (Internet-)Gerüchte hinaus?
- Habe ich jene Fakten präsentiert, die für eine umfassende und ausgewogene Darstellung meines Themas notwendig sind?
- Habe ich geprüft, ob durch meine Berichterstattung/meine Wortwahl/meine Fotoauswahl Vorurteile verstärkt werden?
- Habe ich geprüft, ob ich Informationen, die Vorurteile schüren könnten, weglassen kann, ohne den Sinn und den Wahrheitsgehalt der Geschichte zu verändern oder das Verständnis der Leserinnen und Leser zu beeinträchtigen?
- Habe ich geprüft, ob bestimmte Informationen nicht andere Absichten konterkarieren (z. B. keine Nennung von Herkunft, aber Nennung eines auf einen Ausländer deutenden Vornamens)? Anmerkung: Die bloße Nennung der Herkunft eines (mutmaßlich) straffällig gewordenen Ausländers/Asylwerbers/Migranten ist nach der gängigen Praxis der Senate des Presserats kein Ethikverstoß. Dennoch sollten Journalisten abwägen, ob es im konkreten Fall für das Verständnis der Leserinnen und Leser erforderlich ist, die Herkunft anzuführen.
- Habe ich überlegt, ob durch meine Berichterstattung/meine Wortwahl/meine Fotoauswahl jemand gekränkt oder beleidigt werden könnte?
- Bin ich mir im Klaren darüber, welche Absichten meine Hinweisgeber/Recherchequellen verfolgen?

· Kann ich zu dem Thema ein Internetforum eröffnen, ohne befürchten zu müssen, dass die Diskussion entgleist?

· Bin ich sicher, dass ich keine außerjournalistischen Gründe habe, ausgerechnet dieses Thema aufzugreifen?

Ich selbst habe mich an der Diskussion, die der Erarbeitung dieser Checklist voranging, als Senatsmitglied des Presserats aktiv beteiligt, halte das Anliegen für sinnvoll und bin dennoch nicht mit jedem Punkt restlos einverstanden. Vor allem die Prüfung, ob meine Berichterstattung Vorurteile »verstärken« oder jemanden »kränken« könnte, scheint mir problematisch. Aus Erfahrung weiß ich: Irgendjemand ist immer über mediale Berichterstattung gekränkt, und sei es zu Unrecht. Und irgendwelche Vorurteile werden immer verstärkt, beispielsweise verstärkt eine berechtigte Kritik an der Regierungspolitik gleichzeitig, sozusagen als Kollateralschaden, die Vorurteile gegen die Regierung. Ein Bericht über einen nigerianischen Drogendealer verstärkt die Vorurteile gegen die nigerianische Community. Dennoch kann im Sinne eines umfassenden Journalismus weder auf Regierungskritik noch auf Berichterstattung über die Drogenkriminalität verzichtet werden.

Viele der Standards, die im Ehrenkodex normiert sind, sollten eigentlich selbstverständlicher Bestandteil der journalistischen Arbeit und auch des menschlichen Zusammenlebens sein: etwa das Gebot, dass Pauschalverunglimpfungen von Personen oder Personengruppen unstatthaft sind. Oder dass Beschuldigungen gegen Personen nur erhoben werden dürfen, wenn zumindest versucht worden ist, eine Gegenstellungnahme einzuholen. Oder dass eine Einflussnahme von Außenstehenden auf Inhalt oder Form eines redaktionellen Beitrags unzulässig ist. Mögen die »Außenstehenden« Politiker sein oder große Inseratenkunden.

Wie käuflich sind Journalisten?

All das sollte auch ohne Ehrenkodex selbstverständlich sein. Nicht ganz so selbstverständlich beantwortet sich die Frage, wie Journalisten mit Einladungen umgehen sollen. Darf sich ein Journalist zum Abendessen einladen lassen? Ich habe kein Problem damit, denn ich sehe keine besondere Vergünstigung darin, auf einen freien Abend zu verzichten, um mit einer Persönlichkeit, und sei sie noch so hochgestellt, den Abend zu verbringen. Soll sich ein Journalist auf Informationsreisen einladen lassen? Diese Frage ist ein wenig heikler, schließlich fallen Reisekosten in erheblicher Höhe an, die der Einladende zu übernehmen hat. Dessen ungeachtet habe ich auch mit derartigen Reiseeinladungen kein Problem. Ich selbst habe als Mitglied von Regierungs- oder sonstigen Delegationen etliche Länder besucht, von Saudi-Arabien bis China. Es handelte sich um Reisen, deren Finanzierung das Reisebudget meiner Zeitung gesprengt hätte. Ohne Einladung hätte ich diese Länder nicht kennengelernt, die Leserinnen und Leser meiner Zeitung hätten auf etliche Berichte, Analysen und Kommentare verzichten müssen. Ich denke, es ist legitim, im Interesse der Leserschaft solche Einladungen anzunehmen. Und aus eigener Erfahrung kann ich hinzufügen: Diese Reisen sind weder ein besonderes Privileg noch ein Geschenk. Das Programm ist in der Regel sehr dicht, die Termine folgen einander im Stundentakt, es handelt sich also weder um eine Luxus- noch um eine Lustreise. Was freilich essenziell ist, und was auch den Anforderungen des Ehrenkodex entspricht: Der reisende Journalist muss gegenüber der Leserschaft offenlegen, dass die Reise aufgrund einer Einladung erfolgte.

Grundsätzlich blicke ich, was Ethik und Moral im Journalismus betrifft, mit Optimismus in die Zukunft. Dass auch der Journalismus früherer Jahrzehnte moralisch bedenkliche Seiten hatte, wissen wir nicht nur dank Karl Kraus. Ich selbst erinnere mich aufgrund meiner langen Berufserfahrung an Zeiten, da es vor allem zur Weihnachtszeit üblich war, dass große Firmen, aber auch Politiker, korbweise Geschenke in die Redaktionen lieferten. Und zwar teure Geschenke, etwa Theaterkarten oder gar Skiausrüstungen. Das Bewusstsein dafür, dass dies nicht statthaft ist, war weder aufseiten der Schenkenden noch aufseiten der Beschenkten stark ausgeprägt. Das hat sich – zumindest in dieser hypertrophen Form – aufgehört. Nicht nur dank strengerer Compliance-Regelungen, sondern weil ganz einfach das Bewusstsein für die Verwerflichkeit von derlei Geschenkorgien gestiegen ist. Ich bin so optimistisch zu glauben, dass die in den letzten Jahren professioneller gewordene Journalistenausbildung mit dieser positiven Entwicklung zu tun hat. Heutige Journalistinnen und Journalisten beschäftigen sich während ihrer Ausbildung weit stärker mit Fragen der Moral, als das in früheren Jahrzehnten der Fall war. Man kann nur hoffen, dass nicht gewissenlose Vorgesetzte ihren jungen Mitarbeitern und Mitarbeiterinnen diese moralischen Standards wieder austreiben.

Nebenbei bemerkt: Der Umgang von Vorgesetzten mit jungen Journalistinnen und Journalisten – und umgekehrt – ist generell eine Schnittstelle der Moral. Vorgesetzte haben die Verpflichtung, ihren journalistischen Mitarbeitern eine lange Leine zu lassen – eine Leine, die so lang ist, dass der junge Mitarbeiter eine Story auch mitunter gegen die Wand fahren darf, sprich: Er muss das Recht haben, dem Chef zu sagen, dass eine Story keine Story ist. Zwingt ein Vorgesetzter seine Mitarbeiter dazu, die Wahrheit zurechtzubiegen, nur damit die Story überlebt, bleibt die journalistische Moral auf der Strecke.

Fragen und Antworten

Ist es nicht problematisch, wenn ausgerechnet die Wiener Boulevardblätter nicht Mitglied des Österreichischen Presserats sind?

Österreich, heute und die *Kronen Zeitung* sind tatsächlich nicht Mitglied des Presserats. Daher fühlen sie sich auch nicht an die Entscheidungen dieses Selbstkontrollorgans gebunden. Dessen ungeachtet besteht für die Leserinnen und Leser die Möglichkeit, sich bei Beschwerden gegen diese drei Blätter an den Presserat zu wenden. Dieser leitet bei Bedarf auch ein Verfahren ein und bittet die betroffenen Blätter um eine Stellungnahme, beziehungsweise lädt er Vertreter der betroffenen Blätter zu den Verhandlungen ein. Diese Einladungen werden regelmäßig ignoriert, aber ich denke doch, dass durch die Vorgangsweise des Presserats ein faires Verfahren garantiert ist. Schmerzlich ist natürlich, dass Zeitungen, die nicht dem Presserat angehören, allfällige Verurteilungen nicht publizieren. Und wenn, dann nur in grob entstellender Art, indem sie sich über den Presserat lustig machen. Da die Sprüche des Presserats über alle möglichen Kanäle ausgespielt werden, inklusive Internet, erreichen sie aber auch in diesen Fällen eine hohe Publizität. Wodurch auch die Zeitungen, die den Presserat nicht anerkennen, ein wenig unter moralischen Druck geraten.

Sollte der Presserat nicht mehr und stärkere Sanktionen haben?

74

Lieber nicht. Der Presserat ist kein Gericht. Allzu strenge Sanktionen würden mit dem Grundrecht der Pressefreiheit kollidieren. Ich stelle aber kritisch fest, dass die Bereitschaft der Regierung und regierungsnaher Stellen, auch in Blättern zu inserieren, die sämtliche moralischen Vorgaben verhöhnen, sehr stark ausgeprägt ist. Ich kann der Forderung, dass öffentliche Inserate nur in Medien geschaltet werden dürfen, die sich der Spruchpraxis des Presserats unterwerfen, sehr viel abgewinnen. Das wäre wohl eine sehr spürbare Sanktion.

Wer sich an den Presserat wendet, muss eine Vereinbarung unterschreiben, mit der er auf den ordentlichen Rechtsweg verzichtet. Ist das sinnvoll?

Ich halte diese Regelung nicht für wirklich sinnvoll, kann sie aber leider nicht ändern. Ich bin der Meinung, dass der Rechtsweg ein Grundrecht ist, das allen Bürgerinnen und Bürgern offenstehen sollte. Dieses Grundrecht sollte nicht mit einer Unterschrift sistiert werden können. Aber ich habe darauf als Senatsmitglied des Presserats keinen Einfluss.

Kann beim Presserat auch Beschwerde gegen Korresponden-ten- und Agenturberichte erhoben werden?

Selbstverständlich. Auch gegen Leserbriefe, Sonderbeilagen und überhaupt gegen alles, was in der Zeitung steht – inklusive Internetauftritt und Postings. Der Zutritt zum Presserat ist übrigens sehr niederschwellig. Ein Mail genügt. Sie brauchen nichts zu zahlen und brauchen auch keinen Rechtsanwalt. Das hat natürlich einen kleinen Nachteil. Der Umstand, dass sich jedermann über jeden Zeitungsbeitrag beschweren kann, ist sehr attraktiv für Querulanten, die sich mit unsinnigen Eingaben an den Presserat wenden.

Führt sich der Persönlichkeitsschutz, den gute Zeitungen beispielsweise Verbrechensopfern gewähren, nicht ad absurdum, wenn in Boulevardmedien und in sozialen Medien der Name des Betroffenen genannt und sein Bild gezeigt wird? Abgesehen davon, dass auch die ausländischen Medien bei Namensnennungen und Bildern nicht so zimperlich sind.

Natürlich gibt es die von Ihnen angedeutete Rückkoppelung. Sie können Ihre Leser nicht hindern, sich Informationen, auf die Sie aus guten Gründen verzichten, anderweitig zu besorgen. Andererseits kann es für die eigenen moralischen Standards nicht maßgeblich sein, was »die anderen« machen. Und natürlich ist es absurd, dass auch österreichische Medien bei der Berichterstattung über Kriminalfälle irgendwo in der Welt, beispielsweise über einen Amoklauf an einer US-Highschool, den Verdächtigen ganz ungeniert ins Bild rücken, mit dem Argument, dass das auch die US-Medien tun und dass es eine Agentur war, die Namen und Foto des mutmaßlichen Missetäters geliefert hat. Hier sinkt die moralische Hemmschwelle mit der zunehmenden Entfernung.

3. JOURNALISMUS UND POLITIK
Das Pressefoyer. Eine Abschaffung

Der Herbst 2016 begann für Österreichs Innenpolitikjournalisten mit einer unmissverständlichen Botschaft aus dem Kanzleramt. Bundeskanzler Christian Kern habe beschlossen, so wurde den Journalistinnen und Journalisten mitgeteilt, das traditionelle Pressefoyer, das seit Bruno Kreiskys Zeiten jeden Dienstag nach dem Ministerrat stattgefunden hat, abzuschaffen. Große Aufregung in der medialen Erregungsblase, an der sich auch der Schreiber dieser Zeilen aktiv beteiligte, war die Folge. Die Abschaffung des Pressefoyers wurde als Versuch gewertet, die Bewegungs- und Berichterstattungsfreiheit der Medien zu beschränken. Doch war dieser Vorwurf auch berechtigt? Zur Beantwortung dieser Frage muss ich ein wenig ausholen. Und zunächst erklären, was das Pressefoyer überhaupt ist. Beziehungsweise war.

Das Pressefoyer wurde, wie erwähnt, von Bundeskanzler Bruno Kreisky in den siebziger Jahren eingeführt. Es handelte sich um eine lockere, im Stehen absolvierte Pressekonferenz. Es gab keine Stehordnung und keine Sicherheitskordel, vielmehr platzierte sich Kreisky – ein begnadeter Kommunikator – mitten unter die Journalisten, begann zu extemporieren und stellte sich den Reporterfragen. Es war ein sensationelles, für Österreich neues Format. Denn vor Kreisky, der sein Kanzleramt 1970 antrat, hatte man Kanzler- und Ministerinterviews – sofern diese überhaupt gewährt worden waren – in Form einer Audienz absolvieren müssen. Mitunter hatten sogar die Fragen vorher in schriftlicher Form eingereicht werden müssen. Unter Kreisky war das anders. Er suchte den direkten Kontakt mit den Medien. Daher also: Pressefoyer.

Dieses Pressefoyer wurde von allen seinen Nachfolgern weitergeführt, wenn auch in veränderter Form. Sitzgelegenheiten wurden eingeführt und wieder abgeschafft, Kordeln gespannt und wieder entfernt, Stehpulte herbeigeschafft und nach einigen Wochen wieder in den Fundus verbannt. Es wurde experimentiert und verworfen. Nur eine Änderung hielt sich seit vielen Jahren, nämlich seit der Zeit Wolfgang Schüssels, der seine Kanzlerschaft im Jahr 2000 antrat. Schüssel wollte dokumentieren, dass die Regierung aus zwei gleichberechtigten Parteien bestand, und holte seine Vizekanzlerin Susanne Riess-Passer ins Pressefoyer. Seit dieser Zeit war das Pressefoyer keine One-Man-Show des Kanzlers mehr, vielmehr bestritten stets Bundeskanzler und Vizekanzler diesen medialen Auftritt.

Dies führte dazu, dass das Auftrittsformat seinen Erfindern zunehmend entglitt und dass sein Zweck – die positive Darstellung der Regierungspolitik – immer mehr konterkariert wurde. Denn die Journalisten mussten sich ja nicht mehr mit der Antwort und der Darstellung des Bundeskanzlers begnügen, sie fragten auch den Vizekanzler um seine Meinung, und die unterschied sich oftmals deutlich von der des neben ihm stehenden oder sitzenden Bundeskanzlers. Manch Koalitionskrach nahm hier seinen Anfang. Statt der erwünschten Schlagzeile: »Regierung löst das Problem X« las man am nächsten Tag: »Regierung streitet um das Problem X.«

Sofern das »Problem X« es überhaupt in die Schlagzeilen und in die Berichterstattung schaffte. Denn ein weiterer Nachteil des Pressefoyers aus Regierungssicht bestand darin, dass sich die Journalisten oftmals nicht um das von der Regierungsspitze dargebotene Thema scherten und lieber ihre eigenen Themen setzten. Statt also brav die von Kanzler und Vizekanzler präsentierten Informationshappen über ein neues Start-up-Paket oder die Arbeitsmarktreform zu apportieren, wollten die Journalisten lieber wissen, wer Rechnungshofpräsident wird und ob es bald Neuwahlen geben werde. Die Regierungsspitze musste einsehen, dass eine Beeinflussung der medialen Berichterstattung und Kommentierung durch das Pressefoyer nicht mehr möglich war. Die Abschaffung dieses Formats war daher ein – aus Regierungssicht – logischer Schritt.

Die Aufrüstung der Politik

Daraus lassen sich einige interessante Schlussfolgerungen ableiten. Erstens: Politik und Journalismus kommunizieren aneinander vorbei. Und zwar weil sie verschiedene Auffassungen davon haben, was Journalismus eigentlich soll. Die Auffassungen unterscheiden sich sogar diametral. Aus der Sicht der Journalisten soll der Journalismus enthüllen, auf Schwachpunkte und Fehler hinweisen, kritisch und hintergründig sein. Aus der Sicht der Politik soll der Journalismus möglichst ungefiltert die Aktivitäten und Wortspenden der Politiker unters Volk bringen. Angesichts dieses heftigen Zielkonflikts ist es nicht verwunderlich, dass Politik und Journalismus in einem Spannungsfeld leben und es einiger Anstrengung bedarf, dieses Spannungsfeld in einem erträglichen Rahmen zu halten. In einer Demokratie sind die Möglichkeiten der Politik, auf den Journalismus steuernd einzuwirken, beschränkt. Sie kann das Pressefoyer abschaffen. Das ist bereits geschehen. Sie kann die Presseförderung kürzen. Das passiert seit vielen Jahren. Sie kann ein modernes Informationsfreiheitsgesetz verweigern. Auch das passiert seit vielen Jahren. Sie kann sich weigern, die wirtschaftlichen Rahmenbedingungen der Medienunternehmen zu verbessern. Auch das passiert seit vielen Jahren. Viel mehr Möglichkeiten der Politik, den Journalismus an die Kandare zu nehmen, sind in einer Demokratie nicht vorhanden. In autoritären Regimen gibt es keine diesbezüglichen Grenzen, was die Medien zwischen Budapest, Moskau und Ankara derzeit schmerzhaft erfahren.

Die zweite Schlussfolgerung, die man aus der Abschaffung des Pressefoyers ziehen könnte, ist eng mit der ersten verknüpft. Sie lautet: Der Politik gelingt es immer weniger, den Journalismus zu beeinflussen oder ihn gar zu steuern. Diese Schlussfolgerung ist insofern kühn, als sich im Verhältnis zwischen Politik und Journalismus eine veritable Machtverschiebung ereignet hat. Und zwar keineswegs zugunsten des Journalismus, sondern zugunsten der Politik. Um es militärisch auszudrücken: Es herrscht keine Waffengleichheit mehr. Denn im Gegensatz zu Zeitungs- und sonstigen Redaktionen, die seit Jahren mit einer Beschränkung ihrer Ressourcen und einer Verknappung ihrer personellen und materiellen Ausstattungen zu kämpfen haben, hat die Politik in dieser Hinsicht keinerlei Probleme. Vor allem die Regierungspolitik. Kein Regierungspolitiker, der heute nicht zwei oder mehr Pressesprecher beschäftigt, die keine andere Aufgabe haben, als ihre Auftraggeber ins beste Licht zu rücken. Kein Minister, der nicht in etlichen Medientrainings gelernt hat, wie er Journalistenfragen am effektivsten ausweicht. Kein Ministerium, das nicht Werbe- und PR-Agenturen beschäftigt, die in der Öffentlichkeit weichgezeichnete Kontrapunkte zur journalistischen Berichterstattung setzen. Kurzum: Die Politik und ihre Protagonisten, die Politiker, haben ihren Umgang mit den Medien in den vergangenen Jahren in einem sehr hohem Ausmaß professionalisiert.

Die meisten Medien haben dieser Professionalisierung nicht sehr viel entgegenzusetzen. Im Gegensatz zur Politik, die sich ihre kommunikative Hochrüstung von den Steuerzahlern finanzieren lässt, müssten die Medien die Finanzierung einer gleichwertige Hochrüstung auf dem freien Markt erwirtschaften. Das ist in Zeiten einbrechender Inseratenmärkte ein Ding der Unmöglichkeit. Man müsste also annehmen, dass die Propagandawalze der Politik, vor allem die der Regierungspolitik, den Journalismus überrollt, dass Politpropaganda in zunehmendem Ausmaß in die journalistische Berichterstattung und Kommentierung einfließt. Das ist aber nicht der Fall. Trotz all ihrer kommunikativen Ressourcen gelingt es der Regierungspolitik nicht wirklich, den Journalisten ihre Sicht der Welt aufzudrängen. In Österreichs Medien überwiegt, von Ausnahmen abgesehen, der kritische Journalismus. Eine der Konsequenzen dieses Sachverhalts ist die Abschaffung des Pressefoyers durch den Bundeskanzler. Denn dieses war

eine besonders schwer zu kontrollierende Informationsver-
anstaltung.

Wie die Politik die Medien schädigt (1)

Wie erwähnt stellen die demokratischen Strukturen und
die rechtsstaatliche Verfasstheit unseres Landes sicher, dass
die Politik die Medien nur in einem sehr eingeschränkten
Maße an die Kandare nehmen kann. Das bedeutet aber
nicht, dass die Politik die Medien nicht schädigen kann,
etwa durch die Verweigerung von Ressourcen und Rahmenbedingungen. In dieser Hinsicht ist die österreichische
Regierungspolitik sehr erfinderisch.

Nehmen wir als Beispiel das Informationsfreiheitsgesetz,
das seit Jahren gefordert wird, für das es seit Jahren einen
Entwurf gibt und das im Herbst 2016 wieder einmal ebenso
breit wie folgenlos diskutiert wurde. Zweck des Informationsfreiheitsgesetzes ist es, die Amtsverschwiegenheit, die
in Österreich wie eine Käseglocke über jeglichem staatlichen Handeln liegt, zu durchlöchern. Jeder Journalist,
jeder Parlamentsabgeordnete, aber auch viele sogenannte
Normalbürger waren schon mit den Auswüchsen der Amtsverschwiegenheit konfrontiert. Das Forum Informationsfreiheit, das sich seit Jahren für mehr Transparenz einsetzt,
weiß von besonders skurrilen Beispielen einer amtlichen
Informationsverweigerung zu berichten. So wurde eine An-
frage an die Stadt Graz über die Höhe der Geldmittel, die
zwischen 2005 und 2015 an die Parteien und Gemeinde-
ratsklubs geflossen sind, zunächst nicht beantwortet. Erst

nach einer Beschwerde beim Landesverwaltungsgericht Steiermark wurden von der Stadt Graz die gewünschten Auskünfte geliefert. Ähnlich verhielt sich das Wirtschaftsministerium, das sich erst nach einer Beschwerde beim Verwaltungsgerichtshof bereit erklärte, die gewünschten Informationen über die Gegengeschäfte beim Eurofighter-Kauf zu liefern. Die Wiener Polizei wiederum weigerte sich, die Informationen offenzulegen, die sie zur Verhängung eines Platzverbots anlässlich des Besuchs eines ausländischen Staatsoberhaupts veranlasst hatte. Auch diese Sache wanderte zu einem Höchstgericht. Selbst die Information, welche österreichischen Müllverbrennungsanlagen den aus Italien importierten Müll thermisch verwerten, wurde im November 2016 von den Behörden unter Berufung auf die Amtsverschwiegenheit verweigert. Insgesamt besteht der Eindruck, dass die Regierenden die Bürgerinnen und Bürger für unmündige Kinder halten, die es vor möglicherweise verstörenden Informationen zu schützen gilt. In Wahrheit schützen sich die Regierenden damit selbst. Um beim Beispiel der Müllimporte zu bleiben: Wenn die Bürger nicht wissen, wo der fremde Müll verbrannt wird, können sie auch nicht dagegen protestieren. Das mag bequem sein für die Regierenden und für die Behörden. Nur: Es ist einer Demokratie, die auf der Teilhabe aufgeklärter Bürgerinnen und Bürger basiert, unwürdig. Selbst Studien, die von Ministern um teures Steuergeld in Auftrag gegeben wurden, bleiben oftmals unter Verschluss. Wegen der Amtsverschwiegenheit. Der Verdacht liegt nahe, dass die Ergebnisse der besagten Studien die Politik des Auftraggebers konterkarierten. Auch hier gilt: Die Auskunftsverweigerung ist einer Demokratie unwürdig. Steuerzahler haben ein Recht zu wissen, wofür ihr Steuergeld ausgegeben wird. Bürger haben ein Recht auf Fakten.

Doch leider wird auch der im Herbst 2016 diskutierte Entwurf zum Informationsfreiheitsgesetz den Erfordernissen der Zeit nicht gerecht. Das Forum Informationsfreiheit kritisiert an diesem Entwurf gleich mehrere Punkte: Die Ausnahmeregelungen seien viel zu weit gefasst; Bund und Länder können per Gesetz weitere Ausnahmegründe festschreiben; und dann gibt es noch einen Paragraphen, der das ganze Informationsfreiheitsgesetz ad absurdum führt. Er lautet: »Besondere Bestimmungen in anderen Bundes- oder Landesgesetzen über das Recht auf Zugang zu Informationen oder über deren Geheimhaltung bleiben (vom Informationsfreiheitsgesetz) unberührt.« – Man könnte auch sagen: Alles wird in Zukunft transparent. Mit Ausnahme von allem. Denn nicht nur die Politik, auch – besser wohl: hauptsächlich – die Spitzenbürokratie steht auf der Informationsbremse. Dies stellte sich im parlamentarischen Hearing über das Informationsfreiheitsgesetz heraus, wo ein Spitzenbeamter aus dem Bundeskanzleramt als Auskunftsperson geladen war. Dieser Spitzenbeamte vertrat die Auffassung, dass auch nach dem geplanten Informationsfreiheitsgesetz beispielsweise geheim bleiben werde, was der Grenzzaun im steirischen Spielfeld kostet. Absurd und einer Demokratie unwürdig! Ein Protestbrief der großen Journalistenorganisationen war die Folge: Dem Journalismus würden Fakten entzogen, die Kontrolle durch die Medien werde untergraben, hielten die Organisationen fest. Es verhärtet sich der Eindruck, dass gerade das die Absicht der hohen Politik beziehungsweise der Spitzenbürokratie ist. – Die Verhandlungen sind im Laufen, eine Verbesserung des Entwurfs im Zuge dieser Verhandlungen und Beratungen ist nicht auszuschließen.

Wie die Politik die Medien schädigt (2)

Die Verhinderung eines zeitgemäßen Informationsfreiheitsgesetzes ist nicht das einzige Disziplinierungsmittel, das die Regierungspolitik gegen die Journalisten in Stellung bringt. Die ständige Reduzierung der Presseförderung – vorgenommen in einer Zeit, in der die Verlagshäuser schwierigste und teuerste Transformationsprozesse zu bewältigen haben – ist ein weiteres Disziplinierungsmittel. Natürlich könnte man – in einer idealen Welt – die Frage stellen, warum es überhaupt eine Presseförderung geben muss. Und warum sich die Medien nicht, wie andere Wirtschaftsbetriebe, auf dem freien Markt finanzieren sollen. Auf diese Frage, die sehr berechtigt klingt, gibt es mehrere Antworten. Die erste Antwort ist eine demokratiepolitische: Ein Medienunternehmen ist eben kein normaler Wirtschaftsbetrieb. Oder, wie es Armin Thurnher im *Falter* ausdrückte: »Medienförderung ist nicht gleich Wirtschaftsförderung, denn Medien sind eben Doppelwesen, einerseits demokratischer und andererseits wirtschaftlicher Art.« Ähnlich äußerte sich Medienminister Thomas Drozda im September 2016 bei der von ihm veranstalteten Enquete »Medienförderung neu«: »Medien, die durch abwägende und diskursive Berichterstattung die demokratische Willensbildung fördern, leisten einen wesentlichen Beitrag zur demokratischen Kultur in Österreich.«

Das bedeutet: Medien haben – freilich nur im Idealfall – eine demokratische Aufgabe, sie sind der kommunikative Transmissionsriemen zwischen der Politik und den Bürgerinnen und Bürgern. Diese Aufgabe ist nach den reinen marktwirtschaftlichen Gesetzen nur schwer zu bewerkstelligen. Beispielsweise ist es eine wichtige demokratiepolitische Aufgabe der Medien, ihre Rezipienten über die Feinheiten eines transatlantischen Handelsabkommens oder über die Sinnhaftigkeit einer neuen EU-Verordnung aufzuklären. Es ist nur schwierig, diese Aufklärungsarbeit auf dem freien Markt zu refinanzieren. Die Presseförderung ist also eine Unterstützung jener medialen Bereiche, die mit »Public Value«, mit einem gesellschaftlichen Mehrwert, verbunden sind. Oder besser gesagt: Die Presseförderung sollte genau das sein. Leider werden bei der Vergabe der Fördermittel kaum Qualitätskriterien angelegt, es wird also auch schlechter Journalismus gefördert.

Die zweite Antwort auf die Frage, wozu es denn überhaupt eine Presseförderung geben soll, ist steuerpolitischer Natur. Die Presseförderung wurde 1975 als Kompensation für die damals eingeführte Umsatzsteuer auf Printmedien installiert. Übrigens gibt es eine weitere Steuer, die die Medien einseitig belastet: Die Anzeigenabgabe. Sie entzieht der Medienbranche jährlich rund 100 Millionen Euro. Mit der Presseförderung, die 2017 mit 8,5 Millionen budgetiert ist, wird also nicht einmal ein Zehntel dieses Betrags zurückerstattet.

Zwei Nebenbemerkungen seien eingeflochten. Erstens: Der *ORF*, dessen Public Value sich in seinem »öffentlich-rechtlichen Auftrag« spiegelt, erhält zwar keine Presseförderung. Dafür darf er Gebühren in der Höhe von rund 600 Millionen einheben.

Zweitens: In den siebziger Jahren ging man davon aus, dass die Presseförderung etwa gleich hoch sein sollte wie die Förderung für die politischen Parteien. Dieses Ziel wurde weit verfehlt. Die Presseförderung wurde in den vergangenen Jahren mehrmals empfindlich gekürzt und beträgt derzeit, wie erwähnt, 8,5 Millionen. Die Parteienförderung bewegt sich derzeit in einer Größenordnung von knapp 40 Millionen, Tendenz: langfristig steigend. Die Politiker jener Parteien, die aus vorgeblichen Spargründen laufend die Presseförderung zusammenstutzen, finden also nichts dabei, ihre Parteikassen tüchtig mit Steuergeld zu füllen. Wie der Journalist Johannes Huber in seinem Blog *diesubstanz.at* schreibt, zählt Österreich »zu den Ländern mit der höchsten Parteienförderung« im weltweiten Vergleich. Bei der Presseförderung ist das keineswegs der Fall. Laut Angaben des Verbands Österreichischer Zeitungen (VÖZ) vergibt beispielsweise Dänemark jährlich 52 Millionen Euro an die Medien, das sind knapp 10 Euro pro Einwohner. Also ein Vielfaches des Betrags, den Österreich pro Einwohner an Presseförderung ausschüttet. Es gibt auch andere, indirekte Formen der Presseförderung. Wie aus der Evaluierungsstudie hervorgeht, die der mittlerweile verstorbene Medienexperte Hannes Haas im Auftrag des Bundeskanzleramts durchführte, befreien manche Staaten ihre Medien von der Mehrwertsteuerpflicht. Haas nennt das Vereinigte Königreich, Belgien, Norwegen und Finnland.

Dass die Presseförderung in Österreich im internationalen Vergleich – aber auch gemessen an der wirtschaftlichen Notwendigkeit – so gering ausfällt, hat wohl politische Gründe. Es scheint der Politik, vor allem der Regierungspolitik, nicht allzu opportun, die notorisch regierungskritischen Medien auch noch zu unterstützen. Die Regierenden haben einen anderen Weg eingeschlagen. Statt die nach objektivierbaren Kriterien vergebene Presseförderung zu erhöhen, erhöhen sie lieber die Inseratenvergabe an Blätter, deren Wohlwollen sie sich dadurch zu erkaufen hoffen. Wie auf dem Blog *diesubstanz.at* zu lesen war, brachten es allein die Bundesministerien im Jahr 2015 auf ein Auftragsvolumen von über 20 Millionen Euro – also gut das Doppelte der Presseförderung. Und hier sind die Inserate der Stadt Wien, der Landesregierungen, der staatsnahen Wirtschaft noch gar nicht eingerechnet. Diese Berechnung nahm die Rechercheplattform *dossier.at* vor und kam auf das folgende Ergebnis: In den siebzig Tagen vor der Wiener Gemeinderatswahl im Oktober 2015 gaben Parteien, öffentliche Hand und staatsnahe Betriebe Inserate mit einem Bruttowerbewert von 17,1 Millionen Euro in Auftrag. Hauptnutznießer waren die drei Wiener Boulevardblätter. Auch dieser Betrag übersteigt die jährliche Presseförderung ganz erheblich. Fazit: Wir haben es mit einer Politik zu tun, die die Presseförderung ganz bewusst klein hält und lieber nach Gutsherrenart Inserate verteilt, in der (mitunter vergeblichen) Hoffnung, sich solcherart eine gute Nachrede im betreffenden Blatt zu sichern.

Und wehe, ein verantwortlicher Politiker wagt es, dieses gut eingespielte System zu stören. Als Medienminister Thomas Drozda im August 2016 ankündigte, das Inseratenvolumen verkleinern und das Volumen der Presseförderung erhöhen zu wollen, war er sogleich mit einer üblen Kampagne eines vielgelesenen Wiener Boulevardblatts konfrontiert. »Finger weg!« war noch eine der freundlicheren Aufforderungen, denen sich der Minister in der Kommentierung dieses Blattes ausgesetzt sah. Bei der erwähnten Enquete über die Medienförderung machte Drozda einen weiteren Vorschlag, wie der Presseförderungstopf aufgefüllt werden könne: »Wir sollten zur Dotierung der Presseförderung ›Plattformen‹ wie etwa *Google, Facebook* oder *booking.com* zur Kasse bitten«, sagte er, und weiter: »Ich bin der Meinung, dass man die Erhöhung der Presseförderung um mindestens zehn Millionen, auf 20 bis 25 Millionen, jederzeit aus diesem Aufkommen darstellen könnte.« – Der Medienminister macht sich also nach dem Wiener Zeitungsboulevard auch noch die internationalen Meinungskonzerne zum Feind. Man darf gespannt sein, wie dieses Ringen ausgeht.

Auch der Verband Österreichischer Zeitungen (VÖZ) stellte sich mit einem Vorschlag zur Reform der Presseförderung ein. Diese solle auf 35 Millionen Euro im Jahr erhöht werden. Zur Finanzierung schlägt der VÖZ eine Haushaltsmedienabgabe vor. Die Realisierung dieses Vorschlags würde eine völlige Neustrukturierung der Medienfinanzierung mit sich bringen. Bei der Haushaltsabgabe handelt es sich um eine Steuer, die jeder Haushalt zu bezahlen hätte und die – zusätzlich zur Dotierung der Presse-förderung – die bisherige *ORF*-Gebühr ersetzen würde. Eine solche Reform würde den *ORF* von dem Problem be-freien, dass jene, die die *ORF*-Programme etwa auf Handys oder Tablets konsumieren, dafür laut einem richterlichen Urteil keine Gebühren entrichten müssen.

Wie würde eine ideale Presseförderung aussehen? Sie würde vor allem qualitativ hochwertigen Journalismus för-dern. Die Wissenschaft hat bewiesen, dass es möglich ist, journalistische Qualität objektiv zu messen. Es gibt also keinen Grund, vor einer entsprechenden Förderreform zurückzuschrecken. Des Weiteren sollte die Einhaltung ethischer Standards besonders gefördert werden. Medien-minister Thomas Drozda schlug vor, die Vergabe der Presse-förderung an die Bedingung zu knüpfen, dass sich das be-treffende Medium den Regularien des Presserats unterwirft. Dies ist derzeit nicht flächendeckend der Fall.

Zwei im selben sinkenden Boot

Wie wir gesehen haben, treten (Regierungs-)Politik und Journalismus in der Regel als Gegenpole in Erscheinung. Dies äußert sich unter anderem in den unterschiedlichen Zugängen zur Informationsfreiheit und zur Presseförde-rung. Es klingt also wie ein Widerspruch, wenn wir nur feststellen: Politik und Journalismus sitzen im selben Boot. Und damit meine ich nicht die Distanzlosigkeit, die Ver-haberung, die oftmals zwischen Journalisten und Politi-kern zu beobachten ist, vor allem auf einem so kleinen

Schauplatz wie Österreich, diesem – laut Helmut Qual-
tinger – »Labyrinth, in dem sich jeder auskennt«. Und ich
füge hinzu: in dem sich jeder kennt.

Die viel beklagte Verhaberung ist zweifellos von Übel,
aber mir geht es um ein anderes Problem. Nämlich um
das Problem, dass sich der Vertrauensverlust, den die Politiker, die Politik, ja selbst die Demokratie in den letzten
Jahren erlitten hat, auch auf die Medien niederschlägt.
Was die Politik angeht, sind die Daten ernüchternd. Laut
einer Erhebung, die das OGM-Institut für die »Initiative
Mehrheitswahlrecht und Demokratiereform« durchführte,
ist das Vertrauen in die Politik 2016 auf einen neuen Tief-
stand gesunken. 82 Prozent der Befragten erklärten, dass
sie »wenig« oder »kein« Vertrauen in die Politik haben.
Nicht besser ergeht es den Medien. Auch sie haben an
Vertrauen verloren. Jeder kennt das Schlagwort von der
»Lügenpresse«. *Zeit online* berichtete im Mai 2016 von
einer Umfrage, der zufolge 60 Prozent der Befragten der
Meinung seien, die Nachrichtenmedien würden »gelenkt«.
Ich kann nicht diese Zahl, aber das Phänomen als solches
aus eigener Wahrnehmung bestätigen. Überraschend viele
Menschen, auch intelligente Menschen, stellen, wenn sie
eines Journalisten ansichtig werden, die Frage: Wer ent-
scheidet eigentlich, worüber die Medien berichten? Dürft
ihr eigentlich auch über das Problem X, den Skandal Y
berichten? Ich versuche dann immer klarzumachen, dass
es keinen großen geheimen Plan zur Steuerung der Medien gibt. Und auch nicht, wie einst im »Dritten Reich«,
einen Propagandaminister, der den Medien nicht nur die
Schlagzeilen, sondern auch die Kommentierung inhaltlich

vorschreibt. Überraschend viele Menschen begreifen nicht, dass die Medien in einer Demokratie frei berichten dürfen. Das breitflächige Vorhandensein dieser Irrmeinung ist wohl das Ergebnis eines eklatanten Versagens der Erziehung und der Bildungspolitik.

Jedenfalls scheint es so zu sein, dass Politik und Journalismus ein Problem haben, was das Vertrauen der Bevölkerung betrifft. Wobei schwierig zu entscheiden ist, wer hier wen hinunterzieht oder ob es eine Wechselwirkung gibt, ob es hier sozusagen zwei Abstürzende gibt, die einander umklammern und ins Unglück reißen. Der Medienwissenschaftler Matthias Kohring macht dafür – ebenfalls in *Zeit online* – die Flüchtlingsbewegungen der jüngeren Zeit verantwortlich, beziehungsweise die Berichterstattung darüber. Viele Menschen hätten sich – so sagt Kohring – von Politik und Medien zu einer Willkommenskultur gezwungen gesehen, die sie eigentlich nicht teilen wollten. Wer aufgrund des Migrantenstroms Ängste oder Sorgen äußerte, wurde ins rechte Eck gestellt. Viele Bürger fanden sich mit ihren Sorgen und Ängsten und Meinungen in den Medien nicht wieder. Und das habe eben zu einem galoppierenden Vertrauensverlust der Menschen gegenüber den Medien geführt. Und natürlich, das sei hinzugefügt, zu einem Erstarken der Rechtsparteien in ganz Europa.

Dieser Ansatz ist sicher richtig, aber er kann den Vertrauensverlust wohl nur zum Teil erklären. Meiner Wahrnehmung zufolge werden die Medien seit jeher als Elitenprojekt wahrgenommen. Nach dem Motto: Überdurchschnittlich gebildete, überdurchschnittlich eloquente, überdurchschnittlich privilegierte Journalisten erklären den nicht so gebildeten, nicht so eloquenten, nicht so privilegierten Massen, was sie zu denken haben. Dinge wie der EU-Beitritt, der Euro, die Abschaffung der Grenzkontrollen erfreuten sich unter Politikern und Journalisten wohl stets einer größeren Beliebtheit als bei den ganz normalen Leserinnen und Lesern. Wer als Bürger angesichts des EU-Beitritts um die Qualität der Lebensmittel fürchtete, oder angesichts des Euros um sein Erspartes, oder angesichts von Schengen um seine Sicherheit, der fühlte sich von Medien und Politik nicht wirklich ernst genommen. In jüngster Zeit ist dieses Phänomen angesichts der transatlantischen Abkommen zu beobachten. Die Meinungseliten befürworten die entsprechenden Verträge zum großen Teil, doch in der Bevölkerung herrschen Angst und Misstrauen. Misstrauen gegen schwer durchschaubare Handelsverträge, Misstrauen gegenüber den Medien.

Die Konsequenz daraus darf natürlich nicht sein, dass die Medien den Menschen nur noch nach dem Maul schreiben, so wie es der Boulevard tut. Die Konsequenz muss sein, dass sich der Journalismus stärker von den vermeintlichen Spielregeln einer kurzatmigen Politik entkoppelt. Dass er also nicht bloß aufgeregt berichtet, welcher Minister gerade mit wem streitet, sondern dass er den Rezipienten die sachlichen Grundlagen liefert, um über besagten Streit sachlich urteilen zu können. Diese Art des Journalismus ist aufwendig, sie kostet Geld, sie ist aber die einzige Form des Journalismus, die langfristig eine Berechtigung hat. Und daher eine Überlebenschance.

Dass diese wünschenswerte Art des Journalismus nicht zum Alltag gehört, sei freimütig eingestanden. Viele Journalisten – und zwar mehr, als der Demokratie guttun – geben es viel zu billig. Sie stimmen in den Chor jener ein, die beispielsweise die Reduktion der Zahl der Parlamentarier für eine Verwaltungsreform halten. Und die im parlamentarischen Procedere, das leider manchmal nicht ganz so schnell ist wie die schöne neue Medienwelt, nichts weiter erblicken als lästige Bremsmanöver. Oder die die Qualität eines Parlamentsabgeordneten an der Zahl der Reden bemessen, die er im Plenum hält. Warum ich gerade diese Beispiele herausgreife? Weil es hier an die demokratische Substanz geht. Weil es sich hier um ein exemplarisches Beispiel dafür handelt, dass schlechter Journalismus den Parlamentarismus und damit die Demokratie diskreditieren kann. Man sieht also: Der Kampf um guten Journalismus ist nicht Selbstzweck. Er dient dem inneren Zusammenhalt unserer Gesellschaft.

Da ich vorher die Verhaberung angesprochen habe, die mangelnde Distanz zwischen den Journalisten und den Subjekten ihrer Berichterstattung, die nicht zuletzt auch im innenpolitischen Journalismus anzutreffen ist: Ja, sie ist ein Problem. Ich habe schon auf die Kleinheit der hiesigen Journalisten- und Politikszene hingewiesen. Die Protagonisten sind über Jahre dieselben, sie kennen einander seit Jahren, teilweise seit ihrer Jugend. Ich selbst bin mit etlichen früheren und aktuellen Spitzenpolitikern per Du. Nicht weil ich mich mit ihnen verhabert hätte, sondern weil ich sie kenne, seit sie mit mir an der Universität studiert haben. Oder weil ich sie kennenlernte, als ich ein ganz junger Journalist war und sie ein ganz junger Pressesprecher oder eine ganz junge Parteimitarbeiterin. Natürlich war man damals per Du, und natürlich legt man das Du-Wort nicht ab wie einen Mantel, der zu eng geworden ist. Man darf aber von einem Journalisten so viel Professionalität erwarten, dass er trotz langer Bekanntschaft mit einem Politiker imstande ist, diesen objektiv zu beurteilen.

Wie sicher ist unsere Demokratie?

So viel zum Verhältnis von Politik und Journalismus in unserer kleinen, überschaubaren österreichischen Welt. Der Blick über unsere Landesgrenzen zeigt, dass wir auf einer Insel der Seligen leben. Beispiel Russland: Rubina Möhring, die Vorsitzende von Reporter ohne Grenzen, Sektion Österreich, erinnerte im Oktober 2016 an den zehnten Jahrestag der Ermordung der russischen Journalistin Anna Politkowskaja. Ein Mord, der niemals richtig aufgeklärt wurde. Möhring schreibt: »Seit damals ist es in Russland immer stiller geworden. Nach und nach verstummten auch die anderen kremlkritischen Reporterinnen und Journalisten. Heute üben sich russische Medien bevorzugt in Propagandajournalismus. Menschenrechtsorganisationen mutierten in dieser Dekade zu unerwünschten Zeiterscheinungen.« Und das betrifft nur die Situation in Russland. Ein Blick auf die Homepage von Reporter ohne Grenzen zeigt, dass in den ersten zehn Monaten des Jahres 2016 Hunderte Journalisten inhaftiert und Dutzende ermordet wurden. In der Türkei gab es seit dem Putschversuch im Sommer 2016 eine Verhaftungswelle gegen kritische Journalisten, und es besteht der dringende Verdacht, dass der türkische

Präsident Erdoğan diesen Putschversuch nur als Vorwand nimmt, um die kritische Presse mundtot zu machen. Das türkische Regime schreckte auch vor Sippenhaftung nicht zurück. Der Frau eines unliebsamen, im Ausland befindlichen Journalisten wurde der Reisepass entzogen, sie wurde an der Ausreise zu ihrem Mann gehindert. Kurzum: Gegen Journalisten wird staatlicher Terror, bis hin zur Geiselnahme, in Stellung gebracht.

Für uns, die wir in der Sicherheit einer Demokratie leben, sollte das Anlass sein darüber nachzudenken, wie sicher und wie abgesichert unsere Demokratie eigentlich ist. Gewiss, unsere derzeitige Regierung hegt keinerlei autoritäre Absichten. Aber das muss nicht immer so bleiben. Demokratische Wahlen können auch Parteien nach oben, an die Regierungsmacht, spülen, die mit der Demokratie nicht so viel anzufangen wissen wie unsere derzeitigen Regierenden. Würde sich in Österreich namhafter Widerstand regen, sollte eine künftige Regierung sich dranmachen, den kritischen Journalismus abzuschaffen? Oder würde eine verblendete Gesellschaft einen solchen Eingriff tatenlos hinnehmen? Und vielleicht auch noch die Lahmlegung der Höchstgerichte und der Oppositionsparteien? Vielleicht sogar dazu applaudieren? Es ist müßig, darüber zu spekulieren. Fest steht, dass man im vergangenen Jahrhundert in ganz Europa mehrmals miterleben konnte, wie Demokratien in autoritäre und teilweise totalitäre Regime umgewandelt wurden. Auch derzeit erleben wir mit, wie demokratische Regierungen sich zu autoritären Regimen wandeln, vor allem in den eben erwähnten Problemländern Russland und der Türkei. Es ist offenbar gar nicht so schwer. Und was das Frustrierende ist: Beide genannten Regierungen können sich, wenn nicht alle demoskopischen Anzeichen trügen, auf das Wohlwollen eines Großteils der Bevölkerung stützen. Auch dies kommt dem gelernten Mitteleuropäer, der die dreißiger Jahre des vergangenen Jahrhunderts im Sinn hat, bekannt vor.

Fragen und Antworten

Erreicht der Journalismus noch sein Publikum, wenn immer mehr Menschen »Fake News« in den sozialen Medien konsumieren? Muss sich der Journalismus weiterentwickeln?

Ich glaube, der Journalismus muss sich ganz massiv weiterentwickeln. Denn Sie können als Journalist »Fake News« nur dort entgegentreten, wo sie entstanden sind. Nämlich im Internet. Um ein Beispiel aus dem Bundespräsidentschaftswahlkampf 2016 zu bringen: Im Internet kursierte ein Bild, das ein Wahlplakat des Präsidentschaftsbewerbers Alexander Van der Bellen zeigt – mit Hund, an einem Holzgatter, im Hintergrund eine Bergkulisse. Daneben hatte man ein Bild von Adolf Hitler mit Hund, Holzgatter und Bergkulisse appliziert. Van der Bellen wurde also in Zusammenhang mit Hitler gebracht, was erhebliche Aufregung in den sozialen Medien auslöste. Van der Bellens Wahlkampfteam hat sich im *Ö1-Morgenjournal* energisch gegen diese Gleichstellung verwahrt. Ebenso in den Tageszeitungen. Doch möglicherweise werden die Menschen, die die Angelegenheit im Internet konsumiert haben, durch das *Morgenjournal* und die Tageszeitungen gar nicht erreicht. In einem solchen Fall gehört die Empörung über einen schweren Wahlkampfschnitzer des Anti-Van-der-Bellen-Lagers in die sozialen Medien getragen.

Müssen Journalisten heute nicht breiter aufgestellt sein? Journalismus nur über ein einziges Medienformat auszuspielen, wird wohl nicht mehr reichen.

Viele meiner Berufskollegen, die wie ich in klassischen Medien arbeiten, betreiben nebenbei Blogs und sind in den sozialen Medien aktiv. Je mehr Ausspielkanäle ein Journalist bedienen kann, desto größer wird seine Resonanz sein – und die Resonanz seines Mediums. Doch natürlich stellt sich die Frage, ob das alles so leicht machbar ist. Die meisten Journalisten litten bereits bisher keineswegs an Unterbeschäftigung. Wenn sie in Zukunft noch einen Blog betreiben, ein Video drehen und gestaltend am Nachrichtenflow auf *Twitter* und *Facebook* teilnehmen sollen, brauchen sie wohl einen 24-Stunden-Tag. Erschwerend kommt hinzu, dass die notwendige Ausweitung der journalistischen Tätigkeit mit einer ökonomischen Krise bei den Medien zusammentrifft. Das heißt: In vielen Medienhäusern wird Personal eingespart. Gleichzeitig stellt sich die Notwendigkeit, den Journalismus auszuweiten: in Richtung Qualität, und in Richtung neuer Ausspielkanäle. Wir leben in Zeiten, in denen der Journalismus in jeder Hinsicht aufrüsten sollte. In der Realität wird in vielen Medienhäusern – zum Glück nicht in meinem – journalistische Kompetenz abgebaut. Dass dies kein wünschenswerter Zustand ist, liegt auf der Hand.

Haben die Medien nicht auch die Pflicht, den Bürgerinnen und Bürgern Informationen über komplexe politische Entscheidungen an die Hand zu geben – vor allem für die Jugend? Und geschieht das im notwendigen Ausmaß?

Sie haben zweifellos recht, die Medien haben diese Verpflichtung. Aber ich kann Ihnen das Phänomen auch von der anderen Seite schildern. Wir schreiben uns die Finger wund und versuchen, die Menschen über komplexe politische Vorgänge aufzuklären, von der EU-Wahl bis zum transatlantischen Handelsabkommen. Und dennoch kommen aus Leserkreisen ständig Beschwerden, dass es an Sachinformationen mangle. Information ist nicht nur eine Bringschuld der Medien, sondern auch eine Holschuld der Konsumenten. Ich erwarte mir von wahlberechtigten Menschen, dass sie die von den Qualitätsmedien gebotene Information abholen. Wenngleich ich Ihnen zustimme, dass man Informationen zielgruppengerechter verpacken müsste. Denn vieles, was wir Journalisten als bekannt voraussetzen, ist dem breiteren Publikum völlig unbekannt. Fragen Sie den Durchschnittspassanten auf der Straße, ob er weiß, was der Familienlastenausgleichsfonds ist. Oder was der ständige Unterausschuss des Hauptausschusses des Nationalrats tut. Der befragte Bürger wird es nicht wissen. Doch wir Journalisten werfen mit diesen Begriffen um uns, als würde jeder sie kennen. Wir Journalisten sitzen in einer Informationsblase und vergessen allzu oft, dass die Menschen nicht unsere Sprache sprechen. Ich selbst beschäftige mich acht Stunden am Tag mit Innenpolitik, der Leser und die Leserin vielleicht acht Minuten. Dies führt zu einer ganz erheblichen Diskrepanz. Zu Ihrer Frage, wie speziell junge Menschen zu erreichen sind: Ich bin gegen Ghetto-Seiten, also gegen die »Seite für den jungen Leser«. Politik ist Politik ist Politik. Wer mit 16 Jahren wahlberechtigt ist, von dem erwarte ich ein Mindestmaß an Interesse. Natürlich ist in diesem Zusammenhang auch die politische Bildung in den Schulen gefragt. Diese müsste ganz massiv ausgeweitet werden. Die Medien wären wohl überfordert, müssten sie die Last der politischen Aufklärung zu hundert Prozent schultern.

Theodor Herzl, nach dem diese Dozentur benannt ist, hat ja bekanntlich weit über den Journalismus hinaus gewirkt. Sollten Journalisten nicht grundsätzlich versuchen, mehr politische Wirkung zu erzielen?

Herzl ist wohl ein Sonderfall, und er hätte seine Wirkung möglicherweise auch entfaltet, wenn er Arzt gewesen wäre oder Rechtsanwalt statt Journalist. Wenngleich es natürlich nicht schadete, dass er die Plattform eines bedeutenden Mediums für seine Ideen nutzen konnte. Was die mögliche politische Wirkung von Journalisten betrifft, warne ich vor zu hohen Erwartungen. Bei der jüngsten US-Wahl haben sich die führenden Medien für die demokratische Kandidatin Hillary Clinton ausgesprochen – der Wahlausgang ist bekannt. Offensichtlich war der Einfluss der Medien nicht allzu groß. Ich werde oft gefragt, warum meine Zeitung vor Wahlen keine Empfehlung abgibt. Meine Antwort ist: Das ist nicht unsere Aufgabe. Wir präsentieren die Kandidaten und Parteien und das, wofür sie stehen. Wir halten auch nicht damit hinter dem Berg, wofür unsere Zeitung steht: die Menschenrechte, die parlamentarische Demokratie, die europäische Integration. Aus diesen Informationen muss sich jeder Leser und jede Leserin selbst ein Bild machen. Im Übrigen sind Wahlempfehlungen kontraproduktiv, siehe die jüngste US-Wahl. Wenn die Menschen den Eindruck bekommen, die Meinungseliten, zu denen ich auch die Journalisten zähle, machen Druck in Richtung einer bestimmten Wahlentscheidung, dann kann dies den gegenteiligen Effekt erzielen. Und nicht zuletzt glaube ich, dass Wahlempfehlungen hoffnungslos retro sind. Die Leute wissen auch ohne uns, was sie zu tun und zu unterlassen haben. Abgesehen davon, dass niemand die Journalisten dazu legitimiert hat, aktiv Politik zu machen.

Müsste vor allem der innenpolitische Journalismus die Themen, um die es geht, viel besser erklären?

Es handelt sich um die Quadratur des Kreises. Einerseits sollen wir so schreiben, dass auch der nichtinformierte Leser und die nichtinformierte Leserin sich auskennen. Andererseits wollen wir die informierten Leserinnen und Leser nicht langweilen. Ein Ausweg aus dem Dilemma sind die sogenannten Erklärstücke – also eine Art Kurz-Lexikon in der Randspalte, in dem die wichtigsten Begriffe erklärt werden. Wir wissen aber aus der Leserforschung, dass diese Erklärstücke nicht gerade sehr eifrig gelesen werden.

AUS DER WERKSTATT

WER BRAUCHT HEUTE NOCH JOURNALISTEN?

Rede anlässlich der Zertifikatsverleihung für das Journalistenkolleg
des Kuratoriums für Journalistenausbildung,
Salzburger Residenz, 2014

Man hat mich aufgefordert, heute hier kurz das Wort an
Sie zu richten. Was ich Ihnen voraushabe, außer meinem
Alter, sind 30 Jahre Berufserfahrung. Aus dieser Erfahrung
heraus kann ich sagen: Der Journalistenberuf hat sich in
diesen 30 Jahren in Lichtgeschwindigkeit verändert. Alles
spricht dafür, dass er sich auch in den nächsten 30 Jahren – das deckt sich möglicherweise mit der Dauer Ihres
Berufslebens – in derselben Geschwindigkeit weiterentwi-
ckelt. Sie müssen keine Sorge haben: Schauen Sie mich an,
mich gibt es noch. Auch Sie wird es in 30 Jahren noch im
Journalismus geben, wenn Sie das wollen. Wenngleich es
ein anderer Journalismus sein wird.

Wer sich den Kopf zerbricht über die Zukunft, beginnt am
besten damit, dass er den Blick in die Vergangenheit richtet.

Wie hat der Journalismus ausgehen, in den ich vor 30
Jahren eingestiegen bin? Nehmen wir beispielsweise den
innenpolitischen Journalismus. Dieser war über weite Stre-
cken ein reiner Pressekonferenzjournalismus. Politiker X
gab eine Pressekonferenz, man ist am Vormittag hinge-
gangen, hat am Nachmittag eine Meldung verfasst, der
Ressortleiter hat vielleicht noch einen Kommentar dazu
geschrieben. Das war's.

Und das hat sich geändert, denn – Sie werden mir zustimmen – niemand würde heute mehr eine Zeitung oder ein sonstiges journalistisches Produkt kaufen, das auf diese Weise zustandegekommen ist. Dies zum einen, weil sich die Auffassung durchgesetzt hat, dass Pressekonferenzen keine Geschichten sind, sondern Propagandaveranstaltungen, sprich: weil sich die Ansprüche dafür, was interessant und berichtenswert ist, durchaus nach oben verschoben haben. Zum anderen ist eine Pressekonferenz deshalb keine Geschichte mehr, weil das, was der Politiker X um zehn Uhr Vormittag sagt, alle, die das wollen, bereits um zehn Uhr eins auf ihrem Smartphone nachlesen können. Die Zeitung kommt für derlei um 24 Stunden zu spät.

Was heißt das für uns? Heutiger Journalismus muss weg von der reinen Meldung, er muss über die reine Meldung weit hinausgehen. Vor allem muss er weit über die Meldung hinausgehen, die ausschließlich auf der Aussage eines Politikers, Pressesprechers oder sonstigen Propagandisten besteht. Heutiger Journalismus muss in die Tiefe gehen. In die Analyse. Er darf nicht vordergründig bleiben, er muss Hintergründe aufzeigen. Er ist – mit einem Wort – rechercheintensiv.

Mit einem anderen Wort: Er ist teuer. Und damit beginnen die Probleme.

Problem Nummer eins besteht darin, dass dem klassischen Journalismus zahlreiche Geschäftsfelder wegbrechen. Die Werbegelder landen in zunehmendem Ausmaß nicht mehr bei den klassischen Medien, sondern bei ausländischen Konzernen wie *Google* und Konsorten. Das schränkt die Existenzfähigkeit des hiesigen Journalismus drastisch ein.

Zudem wird es für die Medienhäuser immer schwieriger, von den Rezipienten Geld für Journalismus zu verlangen. Denn die Rezipienten unterliegen ja dem Irrglauben, dass sie Journalismus – oder das, was sich dafür ausgibt – auch gratis auf ihrem Handy oder Tablet konsumieren können. Wie gesagt, ein Irrglaube. Aber einer, der den Medienhäusern zu schaffen macht. Denn es kann nicht oft genug betont werden: Investigativer, hintergründiger Journalismus, meinungsstarke Kommentare gibt es nicht zum Nulltarif. Sie kosten Geld. Geld kann man nur für guten Journalismus verlangen. Guter Journalismus kostet noch mehr Geld. Es liegt also auf der Hand, dass all jene Verleger, die glauben, ihren Verlag sanieren zu können, indem sie am Journalismus sparen, einem fatalen Irrglauben unterliegen. Sie handeln wie ein Hotelier, der auf einen Einbruch bei den Buchungen damit reagiert, dass er den verbliebenen Gästen das Frühstück streicht und den Wellnessbereich zusperrt. Er wird bald das ganze Hotel zusperren können.

Problem zwei besteht darin, dass die Bundespolitik keineswegs daran denkt, die Rahmenbedingungen für die Medien zu verbessern, sondern ganz im Gegenteil die schwieriger werdende Finanzlage der klassischen Medien mit einigem Wohlgefallen betrachtet. Man könnte fast sagen: Die Regierung entledigt sich des kritischen Journalismus. Stichwort Presseförderung: Die Regierung gab beim mittlerweile leider verstorbenen Publizistikprofessor Hannes Haas ein Gutachten in Auftrag, das zum eindeutigen Schluss kam, dass die Presseförderung – um qualitätsvollen Journalismus auch in Zukunft sicherzustellen – ungefähr vervierfacht werden müsste. Was tat die Regierung? Sie strich von der bestehenden Presseförderung, die in den vergangenen Jahren mehrfach gekürzt wurde, weitere zwei Millionen. Gleichzeitig werden die Wiener Boulevardblätter – also jene, die sich nicht scheuen, den derzeitigen Bundeskanzler zum »Alpenobama« hochzujazzen – mit Regierungsinseraten, Inseraten der Stadt Wien und regierungsnaher Unternehmen zugekleistert. Die Machthaber in Wien züchten sich also willfährigen Billigjournalismus heran und erschweren teurem Qualitätsjournalismus das Leben. Sie werden wissen, warum sie das tun. Doch sie alimentieren damit eine Art von Journalismus, der dieser Gesellschaft nicht guttut. Einen Journalismus, der mit undifferenzierten Darstellungen politischer Prozesse – aktuell sehr beliebt: in Brüssel sitzen nur schmarotzende Spesenritter – die Politikverdrossenheit schüren. Die in diesem Lande ein mieselsüchtiges, um nicht zu sagen faschistoides Klima schüren. Die sich auch nicht scheuen, Jugendliche, die sich nicht wehren können, vor den Vorhang zu zerren. Und etwa die Tochter eines ehemaligen Kanzlers als Schulversagerin outeten. Was erstens eine Falschmeldung war und zweitens auch als Richtigmeldung eine, pardon, Schweinerei gewesen wäre, denn was hat die Schulleistung eines pubertierenden Mädchens mit der Kanzlerschaft ihres Vaters zu tun?

Nebenbei bemerkt: Wie sehr die Bundespolitik derzeit nach den Medien greift, sehen Sie auch an den Vorgängen im *ORF*. Die Koalitionsparteien haben in den vergangenen Wochen den Stiftungsrat enger an die Kandare genommen als je zuvor, sie haben ihn gleichsam in ein Politkommissariat verwandelt. Sie können jede Wette eingehen, dass auch die künftige *ORF*-Spitze aus einem rot-schwarzen

Duo bestehen wird, wobei man Ihnen selbstverständlich versichern wird, dass sich selbstverständlich die besten durchgesetzt haben.

Und noch eine Nebenbei-Bemerkung sei mir gestattet. Ich habe vorher anklingen lassen, dass ich nichts gegen eine höhere Presseförderung hätte. Sie können nun einwenden, dass es keine sehr offensive und zukunftsträchtige Position ist, nach staatlichen Förderungen für Zeitungen und sonstige Medien zu rufen. Dem halte ich entgegen, dass die Politik einen völlig verzerrten Markt geschaffen hat, der von marktwirtschaftlich orientierten Medienunternehmen nur sehr schwer bespielt werden kann. Ich erinnere nur an die *ORF*-Gebühren in der Höhe von Hunderten Millionen jährlich. Und zweitens führe ich zu meiner Verteidigung ins Treffen, dass die Presseförderung, auch wenn sie erhöht werden sollte, nur einen Bruchteil der vielen Hundert Millionen kompensiert, die die öffentliche Hand den Medien unter dem Titel Anzeigenabgabe aus den Taschen zieht.

Ein drittes Problem, das ich bereits angedeutet habe, besteht in Folgendem: Viele Menschen halten das, was sich in *Twitter, Facebook* und sonstigen sozialen Medien abspielt, für die Realität. Ich bin zuletzt vergangenen Sonntag wieder einmal über dieses Phänomen gestolpert. Ich hatte Schlussdienst in meiner Zeitung, und da wurde ich Zeuge, wie sich in Windeseile die Nachricht verbreitete, bei den Demonstrationen am vergangenen Samstag sei eine schwangere Frau von Polizisten derart beamtshandelt worden, dass sie eine Fehlgeburt erlitten habe. Eine skandalöse Meldung, wenn sie denn stimmen würde. Die Community auf *Twitter* und *Facebook* ging ohne weitere

Überprüfung davon aus, dass die Meldung stimmt. Die furchtbare Nachricht, die keine Nachricht war, sondern ein bloßes Gerücht, wurde umgehend zur Tatsache geadelt, verlinkt, vertwittert, Zweifel waren nicht zugelassen, eine Gegenrecherche fand nicht statt, die Empörungsmaschinerie schnurrte auf Hochtouren.

Am nächsten Tag habe ich einen Kollegen ersucht, der Meldung auf den Grund zu gehen. Sie stellte sich als frei erfunden heraus. Es gab keine schwangere Frau, die bei einem Polizeieinsatz ihr Kind verloren hatte. Mich haben zwei Dinge erschreckt – jetzt abgesehen vom Rufmord, der da an der Polizei begangen wurde. Erstens: Dass zahllose Menschen bereit sind, alles zu glauben, was sie im Internet lesen. Und zweitens: Dass auch einige – wie man glauben sollte – professionell geführte Zeitungen das glauben. Die Meldung vom verlorenen Kind fand sich in großer Aufmachung in einigen Montagszeitungen, dreimal dürfen Sie raten, in welchen.

Wie man ja überhaupt sagen muss, dass die Massenkommunikation in den sozialen Medien mitunter den Charakter von Massenhysterie annimmt, die man eher auf dem mittelalterlichen Marktplatz vermutet hätte denn im Kreise aufgeklärter Menschen des 21. Jahrhunderts. Denken Sie an die *Ö3*-Kollegin, die aufgrund einer unbedachten Äußerung über österreichische Popmusik förmlich hingerichtet wurde. Denken Sie an die Präsidentin der Katholischen Aktion, die sich in der *ZiB 2* gegen die Adoption durch Schwule ausgesprochen hat und daraufhin von der Community als reaktionäre Gouvernante gebrandmarkt wurde. Denken Sie an den Wiener Rindfleischkönig, der zu Unrecht einen Kellner feuerte und sich im Mittelpunkt eines Shitstorms fand, der nicht nur in der virtuellen Welt, sondern in der Realität stattfand – mit diversen Blockadeaktionen und sonstigen Geschäftsstörungen vor seinem Lokal.

Wohlgemerkt: Ich selber bin durchaus für das Adoptionsrecht durch Schwule. Ich bin nur der Meinung, dass man auch die gegenteilige Position vertreten können muss, ohne in aller Öffentlichkeit niedergemacht zu werden. Ich bin auch schwerstens dagegen, dass man mit absurden Begründungen Kellner und sonstige Mitarbeiter feuert. Ich stelle nur fest, dass die Gegenaktionen, die gegen den sündigen Wirten gestartet wurden, die eigentliche Aktion, gegen die sie sich richteten, weit in den Schatten stellten.

Jetzt werden Sie fragen: Wo bleibt das Positive, schließlich handelt es sich hier um eine Festrede und keine Trauerrede. Die Antwort lautet: Das Positive sind Sie. Ich habe Sie im Lauf der Wochen, die Sie am Kuratorium für Journalistenausbildung verbracht haben, leider nicht wirklich gut kennengelernt. Meine Erfahrung im Umgang mit jungen Kolleginnen und Kollegen sagt mir aber, dass im journalistischen Nachwuchs das Bewusstsein für journalistisches Ethos durchaus weiter verbreitet ist als in der Generation der Altvorderen. Es liegt an Ihnen. Halten Sie immer im Hinterkopf, welche Auswirkungen das, was Sie schreiben oder tun, auf konkrete Menschen hat. Auf die Menschen, über die Sie schreiben. Auf die Menschen, die Sie informiert haben. Seien Sie sich dessen bewusst, dass Ihre Arbeit Existenzen vernichten kann.

Mindestens ebenso wichtig: Ergründen Sie die Welt jenseits der Presseaussendungen, und ergründen Sie die Welt jenseits von *Wikipedia* und *Google*. Seien Sie die, die noch zweifeln, hinterfragen und recherchieren, wenn sich alle anderen bereits eine Meinung gebildet haben. Gehen Sie der Wahrheit auf den Grund, aber nicht den Lobbyisten auf den Leim. Wenn Ihnen das gelingt, ist mir um die Zukunft des Journalismus nicht bang.

WER DIE SPREU VOM WEIZEN TRENNT – DIE ROLLE DER MEDIEN FÜR DAS FUNKTIONIEREN DER DEMOKRATIE

Beitrag für den Public-Value-Bericht
2015 des Verbandes Österreichischer Zeitungen (VÖZ)

So etwas hört man als Medienschaffender gern: »Die Qualitätsmedien können uns zeigen, wie wichtig es ist, über den sozialen Frieden in Europa und darüber hinaus nachzudenken und wie man ihn bewahren kann. Sie können uns helfen beim Nachdenken über ein besseres Miteinander, beim Nachdenken über Gier, Gleichgültigkeit, Destruktion, Niedertracht, Unredlichkeit und deren zerstörerische Folgen.«

So äußerte sich Kultur- und Medienminister Josef Ostermayer im Juli 2015 in seiner Rede bei der Eröffnung der Salzburger Festspiele. Aber leider nur: fast. Denn wir haben unsere Leserinnen und Leser soeben ein wenig in die Irre geführt. In Wahrheit waren es nicht die »Qualitätsmedien«, denen der zuständige Minister bei der Festspieleröffnung all die schönen Dinge und guten Eigenschaften zuschrieb. Vielmehr sprach er von »Kunst und Kultur«, die die Menschheit dergestalt bereichern.

Der Minister hat recht. Selbstverständlich sind Kunst und Kultur unverzichtbare Bausteine für den sozialen Frieden, für ein besseres Miteinander, für eine Welt ohne Gier, Gleichgültigkeit, Destruktion, Niedertracht, Unredlichkeit und deren zerstörerische Folgen. Weshalb es absolut gerechtfertigt und notwendig ist, dass der Staat nicht nur seine Spitzenkräfte zu den Eröffnungszeremonien der diversen Festspiele entsendet, sondern auch die besten Rahmenbedingungen für das Gedeihen von Kunst und Kultur schafft.

Nur: Was ist eigentlich mit den Medien? Eine moderne Demokratie ist ohne qualitätsvollen Journalismus ebenso wenig denkbar wie ohne Kunst und Kultur. Qualitätsvoller Journalismus trennt den Weizen der Politik von der Spreu der politischen Propaganda. Qualitätsvoller Journalismus bietet dem demokratischen Diskurs die Plattform, auf der die Meinungen gegeneinander in Stellung gebracht werden können. Qualitätsvoller Journalismus hinterfragt die Handlungen der Regierenden und kontrolliert die Machthaber. Qualitätsvoller Journalismus verzichtet auf billigen Populismus und üble Volksverhetzung. Stattdessen erklärt er seinem Publikum, wie die Griechenlandkrise funktioniert, was hinter den Migrationsströmen nach Europa steckt und was es an Fragen und Problem in unserer Welt sonst noch zu erklären gibt. Qualitätsvoller Journalismus beschreibt politische Hintergründe und gibt seinen Leserinnen und Lesern solcherart die Möglichkeit, am Wahltag eine verantwortungsvolle Entscheidung zu treffen. Qualitätsvoller Journalismus ermöglicht es seinem Publikum, mit den Akteuren in Politik, Wirtschaft und Kultur auf Augenhöhe zu kommunizieren.

Doch wo ist die Medienpolitik, die diese Leistungen der Qualitätsmedien für das Funktionieren der Demokratie würdigt? Oder diesen Medien gar bessere Lebensbedingungen schafft? Oder hat die Politik am Ende gar nicht die

Absicht, diese Art von Journalismus zu fördern? Weil sie sich vor kritischen, wissenden Wählerinnen und Wählern fürchtet? Man könnte diesen Eindruck haben angesichts einer Regierung und angesichts politischer Parteien, die sich nur allzu bereitwillig mit dem Brot-und-Spiele-Journalismus der Boulevardmedien gemein machen. Würde sich die Kulturpolitik so verhalten wie die Medienpolitik, würde sie nur den Musikantenstadl und Andreas-Gabalier-Abende fördern. Und das Burgtheater und die Salzburger Festspiele links liegen lassen.

Es wäre übrigens ein fataler Irrtum zu glauben, die für das Gedeihen der Demokratie so wichtigen Funktionen der Qualitätsmedien könnten nahtlos von den sozialen Medien übernommen werden. Das Gegenteil ist der Fall. *Twitter, Facebook* und ähnlich gelagerte Unternehmen erfüllen keineswegs, wie gerne suggeriert wird, die Rolle des antiken Marktplatzes, auf dem Informationen und Meinungen zum Wohle der Gemeinschaft ausgetauscht werden. Vielmehr gleichen sie jenen mittelalterlichen Gerüchteküchen, in denen einst die Zutaten zur Hexenjagd bereitet wurden. Ein Wirt, der einen Kellner feuert, muss gewärtig sein, via Social Media bis zur Geschäftsstörung gemobbt zu werden. Ein amerikanischer Zahnarzt, der in Afrika einem zugegebenermaßen fragwürdigen Jagdvergnügen frönt, muss damit rechnen, via Social Media weltweit bis zur Existenzvernichtung beschädigt zu werden. Eine junge Managerin, die vor dem Abflug eine wenig sinnvolle Bemerkung in ihr Handy tippt, ist bei der Landung ihren Job los – all diese Beispiele sind leider nicht frei erfunden. Und niemand fragt nach, ob die kolportierten Vorwürfe so überhaupt stimmen. Niemand fragt sich, ob die behauptete Missetat noch in irgendeiner Relation steht zu den Sanktionen, die über den Sünder hereinprasseln. Jüngst empörte sich – über Social Media – die ganze Welt über einen Vater in Dubai, der seine Tochter lieber ertrinken ließ, als sie von männlichen Helfern anfassen zu lassen. Gute Story – doch alsbald stellte sich heraus, dass sich der angebliche Vorfall vor 20 Jahren zugetragen hat. Anders gesagt: Es gibt weder einen Qualitäts- noch einen Plausibilitätsfilter für all die Informationen, die über die sozialen Medien über den Endverbraucher prasseln.

Qualitätsmedien sind aufgerufen, den in den sozialen Medien kursierenden Meldungsschrott als solchen zu entlarven. Leider sind sie dieser Aufgabe oft genug nicht gewachsen. Die Story mit dem fundamentalistischen Vater der verunglückten Schwimmerin wurde ohne Recherche auch von klassischen Medien, darunter Qualitätsmedien, übernommen. Auch der Wirt, der seinen Kellner feuerte, und der Zahnarzt, der auf einen Löwen feuerte, wurden nicht nur in den sozialen Medien, sondern auch in den Zeitungen und professionellen Nachrichtensendungen fertiggemacht. In diesen und leider viel zu vielen anderen Fällen agieren die klassischen Medien nicht als Korrektiv, sondern als Resonanzboden des tumben Social-Media-Getrommels. Und untergraben solchermaßen ihre Existenzberechtigung.

Was ist zu tun? Qualitätsmedien müssen sich ihres Auftrags besinnen – klar. Darüber hinaus ist es dringend geboten, die Medienkompetenz der Bürger zu stärken. Wie wäre es mit: Medienkompetenz als vierte Kulturtechnik?

Auf dass künftige Generationen an Medienkonsumenten professioneller mit den gebotenen Inhalten umgehen können, als das bei der heutigen Generation der Fall ist?

Und wie wäre es mit einer Politik, die die Bedeutung der Qualitätsmedien für das Bestehen und die Weiterentwicklung der Demokratie würdigt? Die mutig unterscheidet zwischen verzichtbarem Zeitungsboulevard und unverzichtbarem Qualitätsjournalismus? Die darauf verzichtet, sich auf dem Zeitungsboulevard Wohlwollen herbeizuinserieren und damit einen Journalismus zu fördern, der unserem Land nicht guttut? – Nämlich einen Journalismus der Verhetzung, der Gegenaufklärung, der Ressentiments und der Menschenverachtung. Einen Journalismus, der inserierenden Politikern wahrscheinlich nicht nützt und der Demokratie bestimmt schadet. Wir warten dringend auf eine Festspieleröffnungsrede, die dem Wert des Qualitätsjournalismus für das Gedeihen der Demokratie Rechnung trägt.

WER BRAUCHT SCHON GUTEN JOURNALISMUS?

Erschienen in »medianet«, 15. Oktober 2015

In den 70 Tagen vor der Wien-Wahl gaben Parteien, öffentliche Hand und staatsnahe Betriebe Inserate mit einem Bruttowerbewert von 17,1 Millionen Euro in Auftrag. Das berichtete kürzlich die *Austria Presse Agentur* unter Berufung auf die Rechercheplattform *dossier.at*. Der Großteil des Geldes landete beim Wiener Zeitungsboulevard.

Zum Vergleich: Für journalistische Aus- und Weiterbildung stellt die Bundesregierung jährlich 608.400 Euro zur Verfügung. Man kann unschwer erkennen: Die kurzfristig wirkende Gefügigmachung der kleinformatigen Wiener Medienlandschaft ist den Regierenden deutlich mehr wert als eine langfristig wirkende Investition in guten Journalismus. Wer vor wichtigen Wahlen in fetten Schlagzeilen ein nicht vorhandenes »Duell« zum Nutzen der Regierenden herbeischreibt, wird in Geld gebadet. Wer sich um die Ausbildung von fähigen Journalisten verdient macht, muss mit Brosamen vorlieb nehmen. Jeder möge seine eigenen Schlüsse daraus ziehen.

Jetzt hat es also das Kuratorium für Journalistenausbildung (KfJ) getroffen. Da mit dem Fjum ein neuer Mitbewerber um den Fördertopf auf den Plan getreten ist, werden die Mittel im Verhältnis 60 zu 40 geteilt. Das KfJ erhält – für das laufende, längst restlos verplante Budgetjahr wohlgemerkt! – eine um 170.000 Euro reduzierte Förderung.

Dieser brutale Einschnitt gefährdet die Existenz einer wichtigen, professionell und zeitgemäß agierenden journalistischen Bildungsstätte. Einer Bildungsstätte, die von den Mediensozialpartnern getragen wird und sich dadurch jeder politischen Einflussnahme entzieht (oder ist das etwa gar der Grund für die Kürzung?). Einer Bildungsstätte, die sich rühmen kann, einige der besten und kritischsten Journalisten zu ihren Absolventen und zu ihren Vortragenden zu zählen (oder ist das etwa gar der Grund für die Kürzung?). Einer Bildungsstätte, die sich jederzeit auch in gesellschafts- und demokratiepolitischen Fragen engagiert (oder ist das etwa gar der Grund für die Kürzung?).

Es geht hier übrigens nicht darum, dem Fjum seine Fördermittel streitig zu machen. Es geht darum, die Höhe der für journalistische Aus- und Weiterbildung bereitgestellten Mittel in ein vernünftiges Verhältnis zu den demokratiepolitischen Erfordernissen zu stellen. Um es klar zu sagen: Journalistenaus- und -weiterbildung, die diesen Namen verdient, kostet Geld. Dieser Grundsatz gilt auch dann, wenn Sparzwänge den Spielraum der öffentlichen Hand einschränken. Die Qualität des künftigen Journalismus sollte der öffentlichen Hand doch so viel wert sein wie ein paar Jubelinserate in *Krone*, *heute* und *Österreich*.

»Eine funktionierende Demokratie ist ohne kritische Öffentlichkeit nicht denkbar«, sagte Medienminister Josef Ostermayer in seiner Rede zum Festakt »70 Jahre Pressefreiheit in Österreich«. Damit hatte er völlig recht. Die von Ostermayer eingeforderte kritische Öffentlichkeit wiederum ist ohne qualitätsvollen Journalismus nicht denkbar. Und qualitätsvoller Journalismus ist nicht denkbar ohne umfassend gebildete, in moralischer Hinsicht sattelfeste, mit den modernen Techniken des Informationsgeschäftes vertraute Journalisten. Wie all das mit einer aufs Existenzminimum ausgehungerten Journalistenausbildung zusammengehen soll, sagte der Medienminister leider nicht dazu.

JENSEITS DER FILTERBLASE.
MEINUNGSMACHER ZWISCHEN
WUNSCHDENKEN UND WAHRSAGEREI

Salzburger Nachrichten, 14. November 2016

Übrigens: Würde in den USA nach dem österreichischen Wahlrecht gewählt, wäre heute nicht Donald Trump der gewählte Präsident, sondern Hillary Clinton. Denn die unterlegene demokratische Kandidatin hat quer durchs Land deutlich mehr Stimmen erhalten als ihr republikanischer Gegenkandidat, dem nur ein eher antiquiertes Wahlrecht ins Weiße Haus verholfen hat.

Interessanterweise leiten viele europäische Intellektuelle und Journalisten aus diesem Zufalls-Wahlergebnis weitreichende Schlüsse ab: Den Eliten laufe das Volk davon, der Zorn der weißen unteren Mittelschicht habe sich Bahn gebrochen, die Amerikaner seien einem gefährlichen Populisten auf den Leim gegangen. All das und viel mehr kann man hören und lesen.

Und jetzt stellen wir uns einen Augenblick lang vor, Hillary Clintons Stimmenmehrheit hätte sich ein wenig günstiger für sie über die einzelnen Bundesstaaten verteilt, sodass sie auch die Mehrheit der Wahlmännerstimmen und damit die Präsidentenwahl gewonnen hätte: Würden dann dieselben Intellektuellen und Journalisten das Wahlvolk für seine weise Entscheidung rühmen? Würden sie dann schreiben, dass der Zorn der weißen Unter-Mittelschicht zu wenig ist, um eine Wahl zu gewinnen? Und dass die Amerikaner klug genug waren, einem gefährlichen Populisten zu widerstehen? Sehr wahrscheinlich, dass wir – wären einige Tausend Stimmen anders gewichtet worden – dann all das und noch viel mehr hätten hören und lesen können. Denn nur wenig ist für Meinungsmacher verlockender, als aus einem Zufalls-Wahlergebnis weitreichende und leider oft falsche Schlüsse zu ziehen.

Das wird wohl auch der Grund sein, warum die öffentlichen Meinungsmacher zwar keinerlei Schwierigkeiten haben, ihre eigene Meinung eloquent in Szene zu setzen, sie sich aber zunehmend schwertun, die Meinung des von ihnen vorgeblich durch- und durchanalysierten Wahlvolkes realistisch einzuschätzen. Egal ob es um die Meinung der Briten zum Brexit geht oder um das Wahlverhalten der Hispanics in Florida – die Erforscher der Volkesmeinung lagen regelmäßig falsch. Dieses Phänomen ist auch Österreich nicht fremd. Vor dem ersten Durchgang der Präsidentschaftswahl – also jenem Wahlgang, bei dem noch sechs Kandidaten um das höchste Staatsamt ritterten – wurde allgemein ein Kopf-an-Kopf-Rennen der Kandidaten Hofer und Van der Bellen vorausgesagt, mit leichten Vorteilen für Van der Bellen. Geworden ist es ein rauschender Wahlerfolg des blauen (35,1 Prozent) über den grün-unterstützten (21,3 Prozent) Kandidaten. Die gegenteiligen Prognosen waren wohl hauptsächlich vom Wunschdenken jener geprägt, die sie erstellt haben.

So auch in den USA. Jene Meinungsführer, die vor der Wahl an Eides statt versichert haben, dass ein Mann wie Donald Trump niemals Präsident der Vereinigten Staaten werden könne, treiben sich hauptsächlich in D. C. herum, dem District of Columbia, der im Wesentlichen aus der Bundeshauptstadt Washington besteht. In D. C., der freilich nur drei Wahlmänner stellt, kam Hillary Clinton auf überwältigende 92,8 Prozent der Stimmen, Donald Trump nur auf 4,1 Prozent. Die Meinungsforscher, Politanalysten und Kommentatoren, die die Washingtoner Filterblase bevölkern, bestätigen und bekräftigen einander also dort in ihrer eigenen Meinung und verwechselten ihre Filterblase mit dem ganzen Land. Ähnlichkeiten mit der Wiener Twitteria, bei der Alexander Van der Bellen eine geschätzte Anhängerschaft von 80 Prozent hat, liegen auf der Hand.

Im Übrigen wäre es kein schlechter Ratschlag, trotz des überraschenden Ausgangs der US-Wahl die Kirche im Dorf zu lassen. Gewiss, es ist nicht ganz unwesentlich, wer die USA regiert. Es ist aber auch nicht ganz unwesentlich, wer China regiert, und dennoch hat in diesem Land ein Präsidentenwechsel nicht einmal einen winzigen Bruchteil jener Resonanz, mit der in den vergangenen Wochen jede Lebensäußerung der Kandidaten Trump und Clinton betrommelt wurde.

Und noch etwas: Es besteht kein Grund, wie ein beliebtes öffentlich-rechtliches Medienunternehmen angesichts des US-Wahlergebnisses von einem »worst case« zu hyperventilieren. It's democracy, stupid! Donald Trump ist nach jahrhundertealten demokratischen Regeln zum Präsidenten gewählt worden.

Demokratien haben den unbestreitbaren Vorteil, dass schlechte Politiker abgewählt werden können. Wenn Donald Trump versagt, wird er in vier Jahren Geschichte sein.

EIN ANGRIFF AUF DIE FREIHEIT UND DIE MENSCHENWÜRDE

Kurier, 7. November 2016

Recep Tayyip Erdoğan ist ein gelehriger Schüler jener Diktatoren, die in der ersten Hälfe des vergangenen Jahrhunderts erst Europa und dann die Welt in den Abgrund gestoßen haben. Er geht vor wie aus dem Lehrbuch der Tyrannen: (Er)finde einen Außen- und Innenfeind, verhetze dein Volk, kriminalisiere deine politischen Gegner, feuere unabhängige Richter und Staatsanwälte, kneble die freie Presse, erkläre Kritik an deiner Person zu einem verbrecherischen staatsfeindlichen Akt – und schon ist die Demokratie keine Demokratie mehr. Und schon erscheint es nur folgerichtig, dass Oppositionsabgeordnete und Journalisten hinter Kerkermauern verschwinden.

Die Demokratie hat derzeit nicht ihre beste Phase. Nicht nur in der Türkei können wir in Echtzeit besichtigen, wie demokratische Errungenschaften auf dem Müllhaufen der Geschichte entsorgt werden. Halb- bis Dreiviertelautokraten vom Schlage eines Putin erfreuen sich auch hierzulande in weiten Kreisen kaum verhohlener Sympathie. Die Aussage: »Man sollte einen starken Führer haben, der sich nicht um Parlament und Wahlen kümmern muss« stimmen laut SORA-Umfrage 39 Prozent der Österreicher zu. Die Politikverdrossenheit ist längst in eine Demokratieverdrossenheit umgeschlagen. Dies sollte Anlass zu ernster

Sorge sein. Denn die Demokratie ist »nicht unzerstörbar«, schreibt Heinz Fischer in seinem jüngsten Buch. Ein Blick über unsere Grenzen zeigt uns, dass er recht hat. Ein Blick über unsere Grenzen sollte uns dazu anhalten, sorgfältiger mit unserer eigenen Demokratie umzugehen.

Der Einsatz für die Demokratie muss scheitern, wenn er nicht global erfolgt. Wir können die Demokratie nicht nur innerhalb der Grenzen unseres eigenen Landes verteidigen. Daher ist das Schweigen Europas und der restlichen freien Welt zur Umwandlung der Türkei in einen autoritären Führerstaat unerträglich. Man fragt sich auch, wo jene Demonstranten eigentlich geblieben sind, die bei jedem politischen Schnitzer der USA (oder auch Israels) zu Hunderten mit Transparenten und Trillerpfeifen auf die Straße eilen. Im Falle der Türkei fanden sie bisher keinen Grund für ernsthafte Proteste. Wo bleibt der Aufschrei? Wo bleibt die Empörung? Wir dürfen nicht zusehen, wie vor den Toren unseres Kontinents aus einem Land, das vor Kurzem noch eine EU-Beitrittsperspektive hatte, ein islamistisch geprägter Führerstaat wird. Es handelt sich hiebei keineswegs um eine interne Angelegenheit der Türkei, sondern um einen Angriff auf die Freiheit und die Menschenwürde. Österreich, Europa, die Welt muss politischen, wirtschaftlichen und diplomatischen Druck aufbauen, um die Türkei in die Reihe der zivilisierten Länder zurückzuholen.

ANDREAS KOLLER
IM GESPRÄCH
MIT PETRA HERCZEG UND FOLKER HANUSCH

In den Räumen der Universität Wien am
30. November 2016

Herr Koller, können Sie sich noch an das erste Mal erinnern,
als Sie mit Nachrichten, mit Journalismus in Berührung ge-
kommen sind? Gibt es da einen Moment, der in Erinnerung
geblieben ist?

Ja, da gibt es schon ein paar Momente. In meiner Kindheit
wurde bei mir zu Hause *Kurier* und *Presse* gelesen. Im *Ku-*
rier waren immer Karikaturen des damaligen Karikaturis-
ten Rudolf Angerer. Ich habe das natürlich nicht verstanden und meine Eltern gefragt: »Was ist das?« Die haben
gesagt: »Ja, das ist ein politischer Witz, das ist schwer zu
erklären.« Das hat mich fasziniert, und einige Jahre später habe ich dann die politischen Witze verstanden. Und
da habe ich begonnen, intensiv Zeitung zu lesen und bin
infiziert worden mit dem Zeitungsvirus. Ich habe immer
gedacht, es muss toll sein, da mitarbeiten zu können. Das
war daher auch mein Berufsziel. Und es war immer ein
großes politisches Interesse bei mir vorhanden.

Könnten Sie uns dieses Interesse näher beschreiben? Ging es
hauptsächlich darum, Politik zu verstehen, und der Journalis-
mus war quasi ein Transportmittel, um Politik weiterzutragen?

Es war eigentlich eine parallele Entwicklung. Mich hat als junger Mensch das Zeitungswesen sehr interessiert, und gleichzeitig bin ich in einem sehr politischen Haushalt aufgewachsen. Mein Vater war Betriebsratsobmann in einer großen Firma und war auch auf lokaler politischer Ebene in Wien engagiert. Ich habe ihm da sogar geholfen. Ich war sozusagen sein Sekretär und habe Listen ausgefüllt; was man halt damals so tun musste als kleiner politischer Funktionär. Heute geht das natürlich alles übers Internet oder mit Excel-Dateien, damals hat man viele Briefe an die Parteimitglieder getippt und so weiter. Ich bin auch schon mit achtzehn Jahren, oder sogar mit siebzehn – da war ich noch gar nicht wahlberechtigt –, als Wahlzeuge in Wahllokalen bei der Wiener Gemeinderatswahl gesessen. Da habe ich zugesehen, wie die Stimmzettel ausgezählt wurden. Später habe ich versucht, beide Welten zu verknüpfen, die journalistische und die politische. Darum wollte ich politischer Journalist werden. Insofern habe ich jetzt also meinen Traumberuf. Das ist auch der Grund, warum ich nie versucht habe, den Beruf zu wechseln. Denn ich war schon mit zweiundzwanzig Jahren Politikjournalist, also das, was ich immer sein wollte, und bin dann dabei geblieben. Ich hoffe natürlich nicht, dass ich auf der journalistischen Stufe von damals stehen geblieben bin, aber diese Welt hat mich einfach nie wieder losgelassen.

Viele Journalisten haben bei Schülerzeitungen angefangen, haben Sie auch so eine Schülerzeitungsvergangenheit?

Nein, denn in meiner Schule gab es keine Schülerzeitung, und ich war leider auch nicht derjenige, der eine gegründet hätte. Später habe ich ein wenig bei Studentenzeitschriften mitgearbeitet, doch in meiner Zeit an der Universität Wien hatte ich den Gedanken im Hinterkopf: Wenn ich es nicht bald schaffe, ernsthaft den Fuß in ein Medium zu kriegen, dann hab ich die Chance verpasst. Es hat nämlich immer geheißen – und das hat auch gestimmt und wird wohl auch jetzt noch so sein: Wenn man hier (am Institut für Publizistik- und Kommunikationswissenschaft, Anm. d. Red.) fertig studiert und erst dann versucht, Journalist zu werden, dann ist es schon ein wenig spät. Denn es gibt Kolleginnen und Kollegen, die schon mit achtzehn oder mit zwanzig journalistische Erfahrungen sammeln, und wenn man da als fünfundzwanzigjähriger Magister oder Doktor daherkommt, ist man irgendwie spät dran. Ich habe mich also mit einundzwanzig bei sehr vielen Zeitungen beworben, auch bei Pressestellen von ÖGB bis zur Industriellenvereinigung. Und ich habe das Glück gehabt, dass ich bei der Tageszeitung *Die Presse* die Chance bekommen habe, ein Volontariat zu machen. Da war ich eine Woche im Chronikressort und das hat mich nicht so wahnsinnig interessiert, doch dann durfte ich in die Innenpolitik wechseln. Dieses Volontariat war eigentlich nur für einen Monat vorgesehen, aber es wurde dann immer wieder um einen Monat verlängert, sodass ich bis zum heutigen Tag nie wieder aus dem Zeitungsbetrieb ausgeschieden bin. Das Studium habe ich dann nebenbei fertig gemacht.

Gab es denn in der frühen Zeit Ihrer Faszination am Journalismus jemals Bestrebungen, für eine bestimmte Seite der Politik zu arbeiten, oder ging es da eher um Politik allgemein, und darum, Themen an sich zu vermitteln?

Ich bin schon eindeutig sozialisiert und politisiert worden, weil mein Vater ÖVP-Funktionär war. Es gab also für mich als Kind das ÖVP-Umfeld. Die Sozialdemokraten waren immer »die anderen«, aber gleichzeitig war dieses Mikroklima in Stammersdorf, wo ich aufgewachsen bin, dergestalt, dass die Sozialdemokraten, beziehungsweise Sozialisten, wie sie ja damals noch hießen, nicht als Gegner betrachtet wurden. Sondern das waren die Leute, die eigentlich dasselbe wollten wie wir, nur auf anderen Wegen. Man hat also mit den Sozialdemokraten einen ausgezeichneten Umgang gehabt und mein Vater hat sogar in seinem Betrieb mit Kommunisten einen ausgezeichneten Umgang gehabt. Ich habe gelernt, dass Politik im Konsens funktionieren kann, und dass man sich nicht die Schädel einschlagen muss. Gleichzeitig war im November 1978, als ich siebzehn Jahre alt war, die Volksabstimmung über die Inbetriebnahme des Kernkraftwerks Zwentendorf. Ich bin damals gerade in die achte Klasse Mittelschule gegangen, und dieses Thema hat eine ganze Generation politisiert. Abgesehen davon habe ich versucht, zu allen Parteien die gleiche Distanz zu wahren. Und ich habe aufgehört, mich an Parteien zu orientieren, sondern mich an Themen wie etwa Demokratie und Rechtsstaatlichkeit orientiert. Es war mir wichtig, mich weder geistig noch inhaltlich noch als eingeschriebenes Mitglied einer Partei anzuschließen und alles gutzuheißen, was diese Partei tut. Anders könnte man nicht als ernsthafter innenpolitischer Journalist tätig sein.

Bei Zwentendorf hat die Berichterstattung eine große Rolle gespielt, auch die »Kronen Zeitung«, wie haben Sie das damals erlebt? War das nicht auch ein schwieriges Verhältnis zu den Medien, weil die »Kronen Zeitung« ja auch für etwas stand, das aus Ihrer Sicht positiv besetzt war?

Ja, das stimmt, aber ich muss jetzt ganz ehrlich sagen, dass ich die *Kronen Zeitung* damals nicht gelesen habe. Daher kann ich mich nicht an eine mediale Kampagne zu Zwentendorf erinnern. Bei der Verhinderung des Wasserkraftwerks in Hainburg war es dann einige Jahre später so, dass die *Kronen Zeitung* ganz massiv kampagnisiert hat, und das war für mich ganz interessant, weil es die erste Medienkampagne war, die ich ganz bewusst mitbekommen habe. Ich habe gesehen, wozu Medien imstande sind, wenn sie alle ethischen Grundsätze über Bord werfen.

War diese Zeit für Ihre weitere Entwicklung als Journalist also eine Art kritischer Punkt?

Ich glaube schon. Heute muss man natürlich sagen, dass es wichtig war, das Flusskraftwerk in Hainburg zu verhindern, genauso wie es richtig war, das Kernkraftwerk Zwentendorf zu verhindern. Aber es kommt immer auf die Mittel an. Ich bin der Meinung, dass eine Zeitung natürlich Stellung beziehen soll, ich selbst schreibe ja auch Kommentare. Aber ich würde nie versuchen, den Lesern etwas vorzuschreiben, und ich würde auch nie versuchen, den Politikern irgendetwas vorzuschreiben. Denn das würde ja bedeuten, die Macht der sogenannten vierten Gewalt weit zu überdehnen. Schließlich sind wir Journalisten durch niemanden legitimiert, im Gegensatz zu den Politikern. Daher glaube ich, dass es unstatthaft ist, Politiker vor sich her zu treiben, wie es manche auflagenstarke Zeitungen tun.

Kommen wir zurück zum Verhältnis zwischen ÖVP und SPÖ. Sie sagten, dass es damals kein polarisiertes Verhältnis gab, hat sich dies Ihrer Meinung nach sehr stark geändert in der Politik allgemein in den vergangen vierzig Jahren?

Na ja, der Mikrokosmos war damals so, dass man auf unterer Funktionärsebene auf gutem Fuße mit den Sozialdemokraten stand. Ich glaube, zwischen ÖVP und SPÖ ist das auch heute noch so, vor allem auf kommunaler Ebene. Auf Bundesebene ist sowieso bekannt, wie es zugeht. Aber ich glaube, was in den letzten Jahrzehnten stattgefunden hat, ist eine Radikalisierung an den Rändern. Damals gab es keine nennenswerte freiheitliche Partei, die gibt es jetzt, und die hat natürlich einen völlig anderen Diskurs eingeführt. Österreich war ja immer eine Konsensdemokratie. Das hat Vor- und Nachteile, darüber kann man stundenlang philosophieren. Wir sind jetzt keine Konsensdemokratie mehr, weil es zumindest eine Partei gibt, die Fundamentalopposition betreibt. Und es gibt immer wieder neue Wahlbewegungen, die zum Teil sogar erfolgreich sind und in Landtage oder den Nationalrat einziehen und dort Fundamentalopposition betreiben. Wie zum Beispiel das Team Stronach oder, auf kommunaler Ebene, die Piraten. Das gab es in den Siebzigern nicht, damals haben weit über 90 Prozent der Menschen entweder ÖVP oder SPÖ gewählt, und die Überfigur des Bruno Kreisky hat alles zugedeckt. Bruno Kreisky ist auch von Nazis gewählt worden und auch von Liberalen und Bürgerlichen und hat es so geschafft, eine absolute Mehrheit zu bekommen. Die ÖVP war knapp dahinter und war sozusagen, bei aller Gegnerschaft zu Kreisky, im Konsens gefangen. Aber es ist wahrscheinlich auch kein Zufall, dass dieser Konsens in den achtziger Jahren krachend zerbrochen ist, vor allem durch die Affäre Waldheim. Ich glaube, der Konsens war zu stark, er hat zu lange gedauert und die Scherben dieses Konsens, der dann irgendwann zerplatzt ist, die fliegen uns heute noch um die Ohren.

Wie hat sich die Auflösung dieses Konsens Ihrer Meinung nach auf den Journalismus ausgewirkt, ist auch der Journalismus aggressiver geworden?

Aggressiver ist vielleicht ein zu hartes Wort. Wenn man es positiv formuliert, kann man sagen, der Journalismus ist auf jeden Fall bunter geworden. Denn in den achtziger Jahren war die Medienszene, fast könnte man sagen, etwas einschläfernd. Da gab es an Qualitätsmedien in Ostösterreich im Wesentlichen die Tageszeitung *Die Presse*, die hat damals der Bundeswirtschaftskammer und der Wiener Wirtschaftskammer gehört. Sie war also konservativ und nicht unabhängig. Dann gab es den *Kurier* und starke und teilweise ausgezeichnete Bundesländerzeitungen, und einige Boulevardmedien und Parteizeitungen. Die Parteizeitungen sind mittlerweile verschwunden. Entstanden ist eine Palette neuer Boulevardmedien, auf die ich persönlich gerne verzichten kann, die aber natürlich zur Buntheit des Ganzen beitragen, wenn man es wertneutral formuliert. Auf der anderen Seite des Spektrums, also bei den Qualitätsmedien, ist, Gott sei Dank, auch etwas passiert. *Der Standard* wurde im Jahr 1988 gegründet und hat die ganze Medienbranche beflügelt, weil damals auch *Die Presse* begonnen hat, besser zu werden. Die *Salzburger Nachrichten* haben die Österreich-Ausgabe gegründet und beackern seither den gesamtösterreichischen Markt. Das sind jetzt mehr Qualitätsmedien als in den achtziger Jahren und das ist sicher ein Fortschritt. Den Verlust der Parteizeitungen muss man nicht betrauern, weil die nicht wirklich objektive Informationen geliefert haben. Das Erstarken der Boulevardmedien durch *Österreich* und *heute* begeistert mich nicht, aber das ist möglicherweise einfach eine Begleiterscheinung dieser Buntheit, die wir jetzt haben.

Sie haben dann im Jahr 1980 begonnen, Publizistik- und Kommunikationswissenschaft und Politikwissenschaft an der Universität Wien zu studieren. War das eine bewusste Entscheidung Ihrerseits oder wurde von Ihrem Umfeld erwartet, dass Sie studierten?

Für mich war es schon logisch, weil das genau die beiden Berufsfelder waren, die mich interessiert haben. Diese beiden Studienrichtungen habe ich auch gegen die Ratschläge vieler Menschen und Meinungsführer gewählt, weil es damals – wie wahrscheinlich heute – geheißen hat, dass diese Studiengänge nicht in den Beruf hineinführen. »Brotlose Kunst«, hat es sogar geheißen. In den Anfängervorlesungen war mitunter das Erste, was man gehört hat: »Warum sitzt ihr eigentlich da und warum studiert ihr nicht irgendwas Gescheites.« Das haben auch führende Kommentatoren in den Medien sinngemäß so geschrieben, aber ich habe mich nicht abschrecken lassen und sage auch heute noch zu jungen Leuten, die in irgendeiner Form Journalismus studieren: »Lasst euch nicht vom Weg abbringen, auch wenn irgendwelche Menschen sagen, dass es keine guten Berufsaussichten gibt.« Denn wenn man sich wirklich dafür interessiert, wird man es schaffen. Ich bin auch insofern bestätigt, als aus meiner Generation von Studienkollegen, egal ob sie fertig studiert haben oder nicht, die überwiegende Mehrzahl im Berufsfeld Politik und Medien untergekommen ist. Also dieser ewige Kulturpessimismus, der hat mich damals gestört und der stört mich heute immer noch.

Gab es während Ihres Studiums Professoren, die Sie besonders beeinflusst haben?

Ja, zum Beispiel Professor Alfred Klose, der war hauptberuflich in der Sozialpartnerschaft für die Bundeswirtschaftskammer tätig. Er war dreifacher Doktor und hat eine Professur für Konfliktforschung gehabt. Mich hat das fasziniert, weil ich der Meinung war: Genau darum geht es in der Politik: Konflikt, Konfliktausgleich, Konsenssuche. Bei Klose habe ich auch meine Dissertation geschrieben.

135

Dann hat mich in der Kommunikationswissenschaft natürlich Professor Langenbucher beeindruckt und viel später dann Hannes Haas. An ihm schätzte ich sehr, dass er es verstanden hat, den wissenschaftlichen und den praktischen journalistischen Bereich zu verknüpfen. Dadurch hatte er hohes Ansehen in der Medienbranche bis hin zum Verlegerverband, wo man ja als Publizistikwissenschaftler oft Legitimationsprobleme hat.

Hatten Sie unter den journalistischen Persönlichkeiten auch Vorbilder?

Da gab es einige, zum Beispiel Hans Rauscher oder auch Thomas Chorherr mit seinem, ich würde fast sagen, fundamentalen journalistischen Ansatz. Er war mein erster Chefredakteur und wirklich sehr, sehr konservativ, mir persönlich viel zu konservativ, aber er hat bis heute einen journalistischen Zug zum Tor und ich habe viel von ihm gelernt. Auch mein erster Chefredakteur bei den *Salzburger Nachrichten* Karl Heinz Ritschel war wichtig für meine Entwicklung. Und dann natürlich Klassejournalisten wie Hugo Portisch oder Barbara Coudenhove-Kalergi. Ein unerreichtes Vorbild in schreiberischen, ethischen und politischen Fragen ist für mich Friedrich Torberg.

Es ist eher untypisch für Journalisten Ihrer Generation zu promovieren – wieso haben Sie sich dafür entschieden und haben Sie als »Studierter« negative Erfahrungen in Redaktionen gemacht?

Ich habe, bevor ich bei der *Presse* als junger Journalist begann, schon drei Jahre voll studiert – ohne Nebenjob. Auf Kosten meiner Eltern, wie ich hinzufügen muss. Ich wollte diese sechs Semester nicht zum Fenster hinauswerfen und ohne Abschluss beenden. Ein anderer Grund dafür, dass ich fertig studiert habe, war eine gewisse Trotzhaltung. Ich erinnere mich noch an mein Vorstellungsgespräch für den allerersten Job bei der *Presse* als Volontär, das war im Jahr 1983, da war ich zweiundzwanzig und bin dort ganz schüchtern bei der Tür hineingekrochen. Wie bei vielen Zeitungen war es damals der Chef der Chronikredaktion, der die jungen Leute ausgesucht hat und das war – logisch – ein hemdsärmeliger, ruppiger Journalist. Dem habe ich also gesagt, dass ich Publizistik studiere. Er hat daraufhin sinngemäß gefragt, ob mir nichts Besseres einfällt mit meinem Leben. Als ich es trotz dieses Einstiegs geschafft hatte, bei dieser Zeitung Fuß zu fassen, habe ich mir gedacht: Denen zeig ich es jetzt, ich studiere fertig! Außerdem kam mein erster wirklicher Vorgesetzter, der Ressortleiter der Innenpolitik bei der *Presse*, jeden zweiten Tag zu mir und ermunterte mich, den Abschluss zu machen. In meinem ersten Jahr als Journalist habe ich das Studium mehr oder weniger sistiert, da habe ich mit aller Kraft versucht, beruflich Fuß zu fassen. Ein Jahr später habe ich die Dissertation in einer Art Schreibwahn in wenigen Wochen zu Papier gebracht. Die Recherchen dazu hatte ich natürlich schon zuvor angestellt.

Es gibt ja auch die Ansicht, dass Journalismus »on the job«, also während eines Volontariats oder einer Lehrredaktion ausreichend gelernt werden kann. Glauben Sie im Nachhinein, dass das Studium wichtig für Ihre weitere Arbeit als Journalist war?

Für meine journalistische Allgemeinbildung war das Studium immens wichtig. Ich glaube aber, dass man das journalistische Handwerk am besten in Redaktionen lernt. Überdies sind die besten Journalisten oft keine Akademiker. Denn oft hat die, die schon in frühester Jugend in Schülerzeitungen geschrieben haben, das Studium gar nicht interessiert, und Journalismus hat ihr Leben in einem viel größeren Ausmaß durchzogen. Die haben also noch mehr Zug zum Tor, als ich mir zu haben einbilde. Wissenschaft und Journalismus sind zwei verschiedene Welten. Ich kann mich noch gut erinnern, als ich meine Dissertation abgegeben habe. Da hat mein Betreuer erklärt: »Man merkt an Ihrem Stil, dass Sie Journalist sind« – und das hat er nicht als Lob gemeint *(gemeinsames Lachen)*. Andererseits: Wenn Sie Sigmund Freud lesen, erkennen Sie, dass Wissenschaft und klare Sprache durchaus zueinanderpassen. Ich stelle überdies fest, dass die professionelle Journalistenausbildung, die es seit etlichen Jahren gibt, der journalistischen Qualität insgesamt guttut.

Wie sind Sie am Anfang mit Kritik umgegangen, wenn Texte redigiert oder umgeschrieben wurden?

Ich bin mit nicht allzu großen Erwartungen an mich selber in den Beruf gegangen. Daher war ich auch total schmerzfrei, wenn ein älterer Kollege oder eine versierte Kollegin

wie Anneliese Rohrer Verbesserungsvorschläge machte.
Ich denke, wenn man bereits mit Mitte zwanzig von sich
glaubt, alles zu können, kann man sich nicht mehr weiterentwickeln.

*Glauben Sie, dass sich das bei heutigen Jungjournalistinnen
und -journalisten geändert hat, mit welchen Erwartungen
gehen die an ihren ersten Job?*

Ich merke grundsätzlich bei jungen Leuten, dass sie eine
höhere Meinung von sich selber haben, sowohl bei Bewer-
bungsgesprächen als auch bei ihrer Arbeit, aber das finde
ich sehr positiv. Wenn ich mit zweiundzwanzig schon so
einen Auftritt gehabt hätte wie heutige Zweiundzwanzig-
jährige, hätte ich mir sehr viel leichter getan. Andererseits
gibt es natürlich junge Leute, die hat es zu meiner Zeit
aber genauso gegeben, die als Reaktion auf Verbesserungsvorschläge einfach alle Klappen zumachen. Das ist mir
zu wenig an Kritikfähigkeit. Man kann durchaus davon
ausgehen, dass ein Mensch mit über dreißig Jahren Berufserfahrung manche Dinge einfach besser weiß als ein
Berufsanfänger. Man merkt aber, dass die wirklichen Talente bereit sind, Verbesserungsvorschläge anzunehmen.
Ich rühme mich ja selbst, einige journalistische Talente
entdeckt zu haben, das sind Leute, mit denen man auch
nach zehn Jahren im Beruf noch vernünftig über ihre Texte sprechen kann. Ich glaube, diese Kritikfähigkeit, die
manchen in unserem Beruf fehlt, ist immens wichtig. Die
Fehlerkultur in Österreich ist ja nicht so hoch entwickelt,
in anderen Ländern ist es üblich, dass Zeitungen, wenn sie

einen Irrtum begehen, eine Korrektur ins Blatt drucken. Das ist bei uns nicht wirklich verbreitet und ich merke auch, dass viele Journalisten bei Kritik von Lesern sehr unwirsch reagieren, oder auch wenn Politiker es wagen, Journalisten zu kritisieren. Das wird mitunter gleich als Angriff auf die Medienfreiheit gewertet. Das ist fehlende Kritikkultur, die dem Journalismus insgesamt nicht guttut.

Was ist ein journalistisches Talent für Sie? Woran erkennen Sie, ob jemand eine besondere Affinität zum Journalismus hat?

Jemand, der erkennt, welches gesellschaftspolitische Thema in der Luft herumschwirrt und der gleichzeitig bereit ist, dieses Thema weiterzuverfolgen und zu entwickeln. Also nicht nur den Stand der Dinge wiederzugeben, sondern auch nach- und weiterzudenken. Ich habe einen jungen Kollegen, der hat das Migrationsthema über Wochen und Monate verfolgt, er hat einen jungen Asylwerber kennengelernt und begleitet ihn durch das Asylverfahren. Alle paar Wochen schreibt er einen Beitrag drüber. Das ist ein wunderbarer journalistischer Ansatz, der auch zukunftsfähig ist. Man kann ihn auch in sämtlichen medialen Kanälen ausspielen. Das ist für mich Journalismus von heute und von morgen. Journalistische Talente sind Leute, die in diese Richtung denken und mir und den Lesern nicht nur Sachen erzählen, die ohnehin schon bekannt sind oder die ich gerade in der *APA* oder auf der *ORF*-Homepage gelesen habe.

Was ist Ihrer Ansicht nach leichter zu erlernen, das Schreiben oder das innovative Denken? Für wen würden Sie sich bei einer Bewerbung entscheiden, für jemanden, der nicht schreiben kann, aber originelle Ideen hat, oder eher für denjenigen, der super schreiben kann, aber nicht besonders innovativ ist?

Mir ist der oder die mit den tollen Ideen lieber. Die Texte kann man durch redigieren verbessern und außerdem kenne ich etliche gute Journalisten – ohne jetzt Namen zu nennen – die nicht wirklich brillant schreiben können und trotzdem hervorragende Journalisten sind. Es geht um die Einstellung, die man hat, und um das Denken, das man mitbringt. Man kann journalistisches Denken vielleicht auch lernen, vor allem dann, wenn man gewillt ist, es zu lernen. Wenn man glaubt, man weiß eh schon alles, man hat schon alles gesehen, dann ist das eine fatale Einstellung, und das Resultat ist langweiliger Journalismus. Die Hungrigen und Neugierigen, das werden die guten Journalisten.

Sie sind in der Phase in den Journalismus eingestiegen, als bei österreichischen Journalisten dieser Geniekult noch stark gegolten hat, also das Gegenteil von dem, was Sie jetzt gerade beschrieben haben, wie haben Sie das erlebt?

Damals gab es Genies oder Edelfedern, die waren so edel, dass man sie gar nicht verstanden hat. Berühmte Leitartikler – wenn die einen Leitartikel geschrieben haben, war ganz Österreich im Banne dieses Leitartikels, aber es konnte ihn niemand entschlüsseln. Dieses Phänomen ist weitgehend verschwunden, denn die Leser sind heute nicht mehr so geduldig wie in den achtziger Jahren, und wenn der erste Satz eines Beitrags nicht gut ist, dann lesen sie nicht weiter. Das mag früher wohl anders gewesen sein, weil es nicht so viele Medien gab. Ich habe allerdings das Gefühl, dass wir möglicherweise wieder in eine Phase gehen, wo es im Journalismus doch auf Namen und Autoren ankommt. Denn mit dem Abdrucken von Agenturmeldungen kann ich keine Zeitung mehr verkaufen. Wenn ich dagegen Namen und Köpfe habe, Schreiber und Schreiberinnen, die einen guten Namen und einen guten Stil haben, dann kann ich die Leser dazu bringen, meine Zeitung zu kaufen. Diesen Weg gehen die meisten Medien, viele Zeitungen sind dazu übergegangen, die Beiträge zu personalisieren. Als ich bei den *Salzburger Nachrichten* begonnen habe, war es nicht üblich, Namenskürzel zu verwenden. Außer beim Leitartikel stand immer »SN« als Autor. Dann sind wir dazu übergangen, Namenskürzel und später die vollen Namen zu verwenden, und mittlerweile drucken wir das Bild des Autors oder der Autorin, weil die Leser wissen wollen, wer ihnen da etwas erzählt.

Da wird der Journalist auch zur Marke, das wird ja momentan kontrovers debattiert. Wie erfahren Sie diesen Druck, sich quasi auch selbst zu vermarkten? Das ist ja manchmal nicht vereinbar mit redaktionellen Prioritäten, wie nehmen Sie das wahr?

Der Druck ist sicher da und wie Sie richtig sagen, gerät das oft in Konflikt mit redaktionellen und auch verlegerischen Notwendigkeiten. Ich bin einerseits der Meinung, dass man Inhalte nicht verschenken darf, auf der anderen Seite betreibe ich selber auf *Twitter* eine große Verschleuderaktion, indem ich meine eigenen Kommentare verschenke. Das ist völlig widersprüchlich, aber das eine ist das Geschäftsmäßige und das andere ist Redaktionsmarketing. Mir ist klar: Ein Medienunternehmen kann nur seine Inhalte verkaufen, und wenn es die Inhalte herschenkt, dann hat es nichts mehr zu verkaufen. Andererseits erreiche ich über die Vertwitterung einzelner Kommentare auch Menschen, die unsere Zeitung noch nicht lesen. Vielleicht verlocke ich sie dadurch, unsere Zeitung zu kaufen.

Viele Journalisten Ihrer Generation haben von Print in den Hörfunk oder ins Fernsehen gewechselt, war das für Sie als politischer Journalist keine Option?

Nein, ich wollte eigentlich immer schreibender Journalist sein. Ich glaube, das kann ich auch besser, ich habe kein wirkliches Fernsehgesicht. Ich finde es auch immer schade, wenn Kollegen und Kolleginnen, die gut schreiben können, ins Fernsehen wechseln. Für mich war das nie eine Option.

Kommen wir zu Ihrem Werdegang zurück, wie sind Sie dann nach fünf Jahren bei der »Presse« zu den »Salzburger Nachrichten« gekommen?

Die Presse war damals eine ausgezeichnete Zeitung, mit netten und gescheiten Kollegen, aber im Gegensatz zu heute war sie nicht wirklich unabhängig. Ich habe immer neidvoll die *Salzburger Nachrichten* gelesen, weil das eine liberale Zeitung in Privatbesitz war, völlig ohne politische Schlagseite. Deswegen wollte ich immer zu den *Salzburger Nachrichten*. Ich war damals ein aufstrebender junger Journalist, da kriegt man viele Angebote, ich habe auch viele ausgeschlagen. 1988 habe ich von den *Salzburger Nachrichten* ein Angebot gekriegt und es freudig angenommen. Ja, und jetzt bin ich immer noch dort.

Und wie beurteilen Sie den Stellenwert des politischen Journalismus in Österreich und wie er sich in den letzten Dekaden entwickelt hat?

Eindeutig eine positive Entwicklung. Der politische Journalismus ist bissiger geworden, angriffiger und tiefgründiger als früher. Es gibt meiner Meinung nach heute auch mehr gute Innenpolitikjournalisten als früher. Der qualitativ hochstehende innenpolitische Journalismus hat einen Aufschwung genommen, das hat begonnen mit der Gründung des *Standard* und der Aufrüstung der *Presse* und der *Salzburger Nachrichten*. Die Frage, die man sich immer stellen muss, die auch Bundeskanzler Kern oft stellt, ist: Wohin führt diese Kritik, sind wir vielleicht schon zu kritisch? Trifft es zu, dass wir Journalisten durch unsere ständige Kritik an der Regierung den Aufstieg des Rechtspopulismus fördern? Diesen Vorwurf höre ich immer wieder. Meine Antwort ist, dass es unsere Aufgabe ist, die Mächtigen zu kritisieren. Ich kann nicht mit dem kritischem Journalismus aufhören, weil ich ein politisches Ziel erreichen will, etwa die Verhinderung der Freiheitlichen. Ich muss damit leben, dass kritischer Journalismus kurzfristig Entwicklungen befördern kann, die ich als nicht wünschenswert erachte. Langfristig ist kritischer Journalismus sowieso unabdingbar für die Demokratie.

Als ein österreichisches Phänomen gilt ja auch immer die »Verhaberung« mit der Politik, mit allen Politikerinnen und Politikern per Du zu sein, wie sehen Sie das, hat sich das verändert?

Das gibt es natürlich in einem so kleinen Land wie Österreich, wo jeder jeden kennt, dass alle per Du sind. Ich bin jetzt schon mit dem zweiten Bundeskanzler per Du, weil ich den jetzigen Bundeskanzler kenne, seit er zweiundzwanzig und ich siebenundzwanzig war. Er war damals junger Pressesprecher und ich junger Reporter, natürlich sagte man damals du und natürlich werden er und ich das jetzt nicht ablegen. Es ist also unweigerlich, dass es zu diesem Du-Wort kommt, aber mich hat das noch nie in irgendeiner Form an kritischem Journalismus gehindert.

Es gibt ja auch zum Beispiel in Großbritannien die Entwicklung, dass Politiker aktive Journalisten zu ihren Ratgebern machen, wobei sich da die Frage stellt, ob Journalistinnen und Journalisten in ihrer Berichterstattung noch objektiv sein können?

Auch ich gebe Politikern Ratschläge, nämlich dann, wenn ich einen Kommentar schreibe. Abgesehen davon halte ich aktive Politikberatung für unvereinbar mit kritischem

Journalismus. Aber grundsätzlich ist es so und es wird uns auch zunehmend bewusst, dass Politiker und Journalisten im selben Boot sitzen, wir werden als Meinungselite wahrgenommen und haben beide mit denselben Vorwürfen zu kämpfen. Die Journalisten haben mit dem Vorwurf der Lügenpresse zu kämpfen und die Politiker haben mit dem Vorwurf zu kämpfen, alle Gauner zu sein. Wir rudern vielleicht in verschiedene Richtungen, aber wir sitzen im selben Boot. Es existiert zweifellos eine gewisse Interessengemeinschaft zwischen Journalisten und Politikern und das verstärkt sich dadurch, dass das Vertrauen in beide Institutionen sinkt.

Studien zeigen, dass Journalisten tendenziell weniger Vertrauen gegenüber der Politik haben als zum Beispiel gegenüber der Polizei oder Gerichten, also diese sehr starke Kritik gegenüber der Politik, die Sie schon angesprochen haben, glauben Sie, dass das auch zu diesen Entwicklungen beiträgt, die sich dann wieder negativ auf den Ruf des Journalismus auswirken?

Das ist völlig richtig, das ist eine Wechselwirkung. Der Mensch neigt dazu, Autoritäten infrage zu stellen. Auch wenn er sich gleichzeitig vor diesen Autoritäten duckt. Mit diesem Misstrauen hat jede Regierung zu kämpfen, und wir Journalisten verstärken das durch unsere kritische Berichterstattung und merken nicht, dass wir uns selber damit runterziehen, weil wir als Teil der politischen Klasse wahrgenommen werden. Das ist unser Berufsrisiko.

Was muss der Journalismus tun, um dieses Vertrauen wieder zurückzugewinnen?

Ich glaube, dass wir momentan eine Pendelentwicklung erleben. Das Pendel schlägt gerade nach rechts aus, in Richtung Rechtspopulismus, und das reißt den Journalismus, der dagegen anschreibt, in eine Vertrauenskrise. Das Pendel wird aber wieder zurückschlagen, also nach zwei Jahren Trump und vielleicht zwei Jahren Strache und zwei Jahren Le Pen in Frankreich sieht die Welt möglicherweise wieder anders aus. Die Menschen werden wieder zu sich kommen, die Mitte wird wieder konsensfähig. Ich glaube, das ist eine gesellschaftliche Entwicklung, die wir als Journalisten gar nicht so wirklich beeinflussen können. Was wir aber tun können, ist: bei den Fakten zu bleiben. Viele Journalistinnen und Journalisten versuchen, durch Verschweigen bestimmter Fakten die Gesellschaft zu ändern, zu verbessern, gewisse Ressentiments bei den Lesern zu unterdrücken. Kürzlich haben in ganz Österreich Tausende türkischstämmige Österreicher und Türken, die hier arbeiten, die Finanzämter gestürmt, weil fälschlicherweise auf *Facebook* verkündet wurde, dass sie Anspruch auf eine Nachzahlung der Kinderbeihilfe hätten. Dieser Ansturm wäre eine tolle Reportage gewesen fürs Fernsehen, fürs Radio, für die Zeitungen. Aber die Sache wurde in den meisten Medien nur ganz kurz erwähnt, weil viele Journalisten offenbar dachten: Dieses Thema spielen wir lieber nicht allzu groß, das schürt Ressentiments gegen die Migranten. Das ist ein ehrenvolles Motiv, aber es bewirkt genau das Gegenteil des Beabsichtigten. Denn die Menschen bekommen das Gefühl, dass ihnen noch ganz andere Dinge verschwiegen werden. Wenn wir den Menschen alle Fakten präsentieren und sie sich auf umfassende Berichterstattung verlassen können, dann gibt es keinen Grund, an unserer Faktentreue zu zweifeln; wenn aber bestimmte Fakten aus weltanschaulichen Gründen unter den Tisch gekehrt werden, dann besteht der Verdacht, dass es mit unserer Faktentreue generell nicht allzu weit her ist. Wir müssen bei den Fakten bleiben, auch wenn es uns weh tut, über bestimmte Dinge zu berichten.

In den USA sind die Präsidentschaftswahlen ziemlich breit und ausführlich kommentiert und diskutiert worden und Donald Trump wurde von den Medien nicht wirklich ernst genommen. Meinen Sie, dass es im österreichischen Journalismus in Hinblick auf die Bundespräsidentenwahl auch eine Art von Zäsur in der Berichterstattung gibt, dass die Medienelite bestimmte Tendenzen nicht wahrnimmt?

Ich habe das Gefühl, dass die amerikanischen Medien in die Trump-Falle getappt sind und dass österreichische Medien, auch ich, jahrelang in die Jörg-Haider-Falle getappt sind und später in die Strache-Falle. Damit meine ich, dass wir und auch die amerikanischen Medien uns immer maßlos erregt haben über diverse Grenzüberschreitungen, in den USA beispielsweise über dieses berühmte Video, in dem Trump gesagt hat, was er alles mit Frauen anstellen kann. Die gesamte Meinungselite Amerikas war empört und die führenden Medien haben Wahlempfehlungen für Hillary Clinton abgegeben – mit dem Effekt, dass Trump die Wahl gewonnen hat. In Österreich kennen wir seit den Haider-Jahren dasselbe Phänomen: Empörung der Meinungseliten – und postwendend Wahlerfolge der populistischen Rechten, die diese Empörung ausgelöst haben. Den Eliten rennen offenbar die Leute davon, ihnen wird nicht mehr geglaubt. Ich habe das Gefühl, dass auch im letzten österreichischen Präsidentschaftswahlkampf die Medien genau in dieselbe Falle getappt sind, nämlich sich maßlos über jeden Ausrutscher auf der rechten Seite zu erregen und zu glauben, dass der eigene Erregungs- und Empörungspegel repräsentativ sei für das Land. Das ist aber nicht der Fall.

Sehen Sie da Ähnlichkeiten mit dem Thema Political Correctness? Im Sinne davon, dass manche Menschen glauben, die Medien wollen eine moralische Instanz sein und versuchen quasi, uns eine Political Correctness aufzuzwingen?

Ich glaube, dass die Political Correctness den Meinungseliten ein viel größeres Anliegen ist als dem Rest der Bevölkerung und das führt sicher zu einem Auseinanderdriften gesellschaftlicher Gruppen. Zum Beispiel hat der österreichische Presserat, dem ich selber angehöre, jüngst eine Checkliste für die korrekte Berichterstattung über Migranten herausgegeben. Eine der Fragen, die man sich laut dieser Checklist stellen soll, ehe man eine Geschichte schreibt, lautet, ob die Berichterstattung jemanden kränken könnte. Mir geht das ein wenig zu weit, denn irgendjemand ist immer gekränkt, weil er anderer Meinung ist als der Schreibende. Auch Politiker können sich aufgrund meiner Kommentare gekränkt fühlen. Wenn ich also darauf Rücksicht nehmen müsste, dass ich niemanden kränke, muss ich meine Berichterstattung einstellen. Wir müssen aufpassen, dass die Political Correctness nicht zur Zensur führt. Was die gendergerechte Sprache betrifft, kenne ich nur sehr wenige Publikationen, die vom Verkauf leben und dennoch das Binnen-I verwenden. Das treffen Sie meist in Publikationen an, die sich nicht auf dem Markt behaupten müssen.

Abschließend noch eine Frage zur Zukunft, was würden Sie jungen Menschen heute raten, die noch in den Journalismus gehen wollen?

Erstens würde ich ihnen raten, dass sie in den Journalismus gehen und sich nicht abhalten lassen sollen. Zweitens würde ich ihnen sagen, dass sie unbedingt neue Modelle entwickeln müssen. Es ist nicht mehr so wie zu meinen Anfängen, dass man die journalistischen Rezepte der Vorväter und -mütter übernehmen kann. Sie müssen in neuen Formaten denken, in multimedialen Formaten, das ist der Journalismus der Zukunft. Seit der Erfindung der Buchdruckkunst hat es nicht mehr eine solche Transformation und derartige Änderungen gegeben, wie wir sie momentan erleben. Das heißt, die jungen Journalistinnen und Journalisten müssen einfach für Neues bereit sein und sie müssen damit rechnen, dass sie in einen Beruf einsteigen, der in dreißig Jahren so anders aussieht, dass sie ihn gar nicht wiedererkennen.